세상을 따뜻하게 사는 한 가지 방법

알바에게 주는 지침

세상을 따뜻하게 사는 한 가지 방법
알바에게 주는 지침

초판 1쇄 발행 2012년 6월 29일
　　 2쇄 발행 2013년 7월 15일

지은이 | 이남석
그린이 | 구서보

펴낸이 | 홍석근
편집장 | 김동관

펴낸곳 | 평사리(Common Life Books)
출판신고 | 제313-2004-172호(2004년 7월 1일)
주소 | (121-848) 서울시 마포구 서교동 475-13 원천빌딩 6층
전화 | 02-706-1970
팩스 | 02-706-1971
e-mail | commonlifebooks@gmail.com
Homepage | www.commonlifebooks.com

텍스트 ⓒ 이남석, 2012
그림 ⓒ 구서보, 2012
ISBN 978-89-92241-35-9 03300

알바에게 주는 지침

세상을 따뜻하게 사는 한 가지 방법

이남석 지음

평사리
Common Life Books

| 차례 |

3장
ㄱㄱ 콜? 콜! 콜록

4장
날고 날고 피나는 으악새

세상의 모든 알바에게
이 글을 바칩니다

《걸리버 여행기》로 잘 알려진 조나단 스위프트(1667~1745, 아일랜드). 그는 《하인들에게 주는 지침》이란 풍자글을 남겼습니다. 그 글을 읽다 문득 그 옛날 하인과 현재의 알바를 비교해 보았습니다. 그 옛날 주인들은 하인을 먹여주고, 재워주고, 나이가 들면 결혼도 시켜주었습니다.

요즘 알바들은 어떨까요? 일하다 쫓겨나는 건 다반사고, 알바비를 못 받는 일도 비일비재합니다. 툭하면 때리고 희롱하는 일도 종종 있습니다. 결혼? 개가 웃을 소리입니다.

루소의 《에밀》을 보면 하인과 주인의 인정어린 이야기가 나옵니다.

"아주 무더운 여름 날 튀렌 자작이 앉아 있었습니다. 하인 중 한 명이 주인의 뒷모습을 보고 자기와 친한 요리사와 착각하였습니다. 그는 살금살금 다가가 주인의 엉덩이를 사정없이 후려쳤습니다. 주인이 등을 돌리고 쳐다보자 하인은 그만 오금이 저렸습니다. 하인은 당장 무릎을 꿇고 '주인 어르신, 조르주인 줄 알고……' 말을 했습니다. 주인은 엉덩이를 문지르며 '조르주일지라도 그렇게 세게 때리지는 말았어야지' 하고 말했습니다."(장 자크 루소, 《에밀》, 한길사, 432쪽)

자, 어떻습니까? 요즘 알바와 주인이 이런 멋진 풍경을 연출해내고 있습니까? 물론 그런 주인과 알바도 있을 것입니다. 알바가 자기의 몸과 맘 모든 것을 다 바쳐 충성하고 있을 때입니다. 그 경우가 아니라면 주인은 알바를 못 잡아먹어 안달일 것입니다. 물론 돈을 적게 주고 싶어 안달인 것이죠. 법이 허락만 한다면, 처벌만 받지 않는다면 최저시급의 절반도 주고 싶지 않을 것입니다. 이게 요즘 우리 사회 알바의 현실입니다.

이 글은 알바의 현실을 말하고, 알바가 피해를 보지 않기를 바라는 마음에서 썼습니다. 또한 마음 깊이 알바가 자기 몫을 빼앗기지 않고, 빼앗기면 반드시 되찾으라고 말하고 싶어 이 글을 썼습니다.

하지만 쉽지 않습니다. 조나단 스위프트가 《하인들에게 주는 지침》을 썼을 때 누가 이 글을 읽었을까요? 하인들? 천만에요. 하인들은 글을 아는 이가 적어 대다수는 읽지 못했을 것입니다. 그렇다면 누가 읽었을까요? 하인들의 소유주인 귀족, 성직자, 부르주아, 먹물들이 읽었습니다. 그들은 스위프트의 글을 읽고 하인들이 이렇게 자기 주인을 농락하는구나 생각했을 것입니다. 그리고 그 농락을 피해

가는 방법도 찾았을 거구요.

　그렇다면《알바에게 주는 지침》은 누가 읽을까요? 가장 먼저 읽는 사람은 역시 알바를 고용하고 있는 사람들일 겁니다. 알바 주인은 이 책을 읽고, 어떻게 하면 알바를 잘 통제할 수 있을까 생각하고 대처 방법을 찾을 것입니다.

　또 누가 읽을까요? 바로 세상의 모든 알바들입니다. 왜냐고요? 조나단 스위프트가 살았던 시대와 달리 요즘 사람들은 초등학교는 다 졸업하기 때문입니다. 더 놀라운 건 중학교도 마치고, 고등학교도 졸업하기 때문입니다. 그 정도면 한글을 읽을 수 있을 뿐만 아니라 생각할 수도 있을 것입니다. 알바들이 이 책을 읽는다면 정말 놀라운 일이 생길 것입니다. 자신의 권리를 찾기 위해 수단과 방법을 가리지 않을 것입니다. 주인이 만든 대처 방법을 무력화시킬 수 있는 더욱 더 놀라운 창조력을 발휘해낼 것입니다.

　알바가 알바를 멈추면, 자본주의 세상의 말초 세포부터 썩어 문드러진다는 비밀도 알아낼 것입니다. 마지막으로 노동자의 노동절만큼이나 알바절이 중요하다며 5월 2일을 알바절로 선포할지도 모릅니다. 모든 알바가 알바복을 입고 알바 장비를 들고 광화문 한복판에 모여서, 전 세계에서 처음으로 〈알바 권리 선언문〉을 낭독하고 알바의 권리를 지키기 위해 투쟁 선포를 할지도 모릅니다.

이 글은 풍자글입니다. 혹시라도 읽다가 자기를 너무 못되게 표현 했다고 집어 던지지 마십시오. 그렇다면 못된 알바 주인이라는 것을 스스로 인정하는 것과 같습니다. 읽다가 갑자기 두려움이 느껴져 무언가 조치를 취해야 한다고 고함치지 마십시오. 그렇다면 알바들이 단체행동에 나설까 두려워하는 멍청한 새가슴 정부 관계자임을 스스로 인정하는 꼴이니까요. 읽다가 자기를 너무 무시한다고 흥분하지도 마십시오. 그렇다면 알바임에도 불구하고 알바인줄 모르고 주인의 딸랑이 노릇을 하는 천하 멍청이 바보임을 스스로 인정하는 것입니다. 알바이면서 알바 의식이 없는 알바임을 전 세계에 공포하는 것입니다. 알바 생활을 숙명으로 알고, 나른하게 하루하루 그리고 한 달 한 달 번 돈을 소비하며 일 년을 채우고 평생을 보내는 바로 그런 사람입니다. 모두 마음을 느긋하게 먹고 편안하게 읽는 사람이 되기를 바랍니다.

저자 **이남석** 드림

알바가 알아야 할 11가지 진실

알바비는
반드시 받아야 한다

알바 주인은 '감량'의 달인이다. 자신의 체중은 일주일에 500그램도 못 줄이면서 알바비는 확실히 다이어트한다. 목표액은 한 시간에 오백원. 알바 주인은 돈 앞에서 피도 눈물도 없는 사람이다. 알바 주인은 들어온 돈은 자식처럼 여기고, 나가는 돈은 물 같다고 생각한다. 알바 주인은 알바를 곶감 빼먹는 좀도둑놈쯤으로 여긴다. 알바 주인은 한 달 내내 알바가 아무런 일도 안하고, 피해나 주면서 돈이나 타가는 놈이라고 생각한다. 그래서 알바 주인은 그 싸디싼 알바비를 줄이려고 피나는 노력을 한다.

알바 주인이 가장 많이 사용하는 방법은 알바비를 적게 주는 것이다. '티끌 모아 태산' 전략이다. 예를 들어 최저시급보다 500원 덜 주는 것이다. 두 명의 알바가 교대로 24시간을 근무한다면 하루에 1만

2,000원씩 한 달 36만 원을 절약한다. 주인은 그 돈을 한 달 휘발유 값으로 사용한다. 다섯 명이 10시간 근무한다면 하루 2만 5,000원 씩 한 달에 75만 원을 착복한다. 주인은 그 돈으로 휘발유 구입 외에도 보험료와 수리비 등의 차량 유지비로 사용한다. 열 명이 10시간 알바를 한다면 하루 5만 원씩 한 달 150만 원을 알바들에게서 빼앗는다. 그는 그 돈으로 자식들 학원비까지 댄다.

알바 주인이 사용하는 또 다른 방법은 알바비를 떼어먹는 것이다. 거지 똥구멍에서 콩나물 빼먹기 수법이다. 알바가 작은 실수라도 하면 그 책임을 알바에게 떠넘기는 것이다. 편의점에서 도둑맞은 담뱃 값, 피시방에서 먹고 튀는 손님들의 비용 등을 알바에게 물어내라고 협박한다. 또한 알바에게 일 년 열두 달 중 한 달씩만 '다음에 준다' 라는 식으로 알바비 지급을 미루고 은근슬쩍 떼먹는 것이다. 정말 어마어마한 돈이 알바 주인의 수중으로 흘러들어간다.

알바 주인이 사용하는 또 다른 방법은 푼돈 주기이다. 이른바 진 빼기 전략이다. 알바가 그만둔 경우에 주로 많이 사용한다. 예를 들어 배달 알바가 받을 돈이 120만 원이라면 이를 한 번에 다 주지 않는다. 손에 잡히는 대로 주머니나 지갑에서 2~3만 원씩 꺼내준다. 알바가 지쳐 나가떨어질 때까지, 진이 다 빠질 때까지, 더러워서 돈을 받으러 오지 않을 때까지 푼돈으로 나누어 준다. 대개의 알바는 서너 번쯤 푼돈을 받게 되면 더럽고 치사해서라도 침을 퉤퉤 뱉고는 다시는 돈 받으러 가지 않는다.

알바 주인은 이런 방법으로 영업 외 이익을 챙긴다. 사업체가 크면 클수록 이 돈은 점점 더 커진다. 그 돈으로 새 차도 뽑고, 자식들과 맛있는 외식도 하고, 친구들에게 허세를 부리며 알바를 고용하는 유흥업소에서 지랄발광으로 돈을 펑펑 써댄다. 그러고도 돈이 남으면 알바를 고용하는 또 다른 가게를 개업해 알바에게서 더 많은 돈을 착취한다.

알바는 알바비를 꼭 받아야 하고 될 수 있으면 많이 받아야 한다. 알바 주인이 피도 눈물도 없이 알바를 대한다면, 알바는 간도 쓸개도 없이 주인을 대해야 한다. 돈을 받는 날이면 굽실굽실 굽시니스트가 되어 허리를 숙여라. 주인이 하는 말이라면 부처님이나 예수님의 말보다 더 진리인 듯이 고개를 주억거려라. 적어도 돈을 받을 때까지는 말이다. 알바비를 받기 위해서는 양심일랑 지갑 속에 넣어두는 것이 좋다.

돈을 받고 난 다음에는 주인의 눈치를 보지 말고 일해라. 돈을 받았다면, 언제든지 그만둬도 좋고 쌩 까도 좋다. 다른 알바를 구하기 전에 그만둬서 주인이 고생하도록 내버려두어도 좋다. 그만두는 것을 겁내지 마라. 세상은 넓고 알바 자리는 많다는 것을 명심해라.

알바 주인이 알바비를 주지 않고 끝까지 속을 썩이는가? 그렇다면 노동 관련 기관 등에 적극 신고해라. 네가 일한 곳의 법 위반사항을 해당 관청에 적극 신고해라. 주인을 들들 볶고 또 볶아 반드시 돈을 받아내라. 알바들이여! 투철한 '신고정신'을 고취하라. 터치터치 112, 119. 아니 아니 1350에 신고해라.

알바라면 모름지기 돈과 관련해서는 집먼지진드기와 피 빨아먹는 거머리보다 악착같다는 것을 보여줘라. 알바비를 주지 않으면 진절머리가 나고 넌덜머리가 난다는 것을 보여줘라. 알바비를 받지 못하면 꿈에도 나타나 해코지한다는 것을 보여줘라. 알바가 한을 품으면 저녁 피크 시간에 카드단말기가 고장난다는 것을 알려줘라!

네가 알바비를 받아내지 못하면, 그 다음 알바는 더 많은 돈을 떼이고 서럽게 운다는 사실을 기억해라. 선배 알바의 역할을 잊지 마라.

알바 주인과 알바 쥐를
구분할 줄 알아야 한다

알바 주인은 착한 주인이고 알바 쥐(쥐는 '쥔'의 준말이고, '쥔'은 주인의 준말이다)는 나쁜 주인이다. 알바 쥐는 알바의 창자를 갉아먹는 나쁜 사람이다. 쥐와 닭의 관계를 보라. 한밤이 되어 닭이 꾸벅꾸벅 졸고 있으면, 영악하고 약삭빠른 쥐가 슬그머니 다가간다. 쥐는 닭의 창자를 정말 조금씩 갉아 먹는다. 닭대가리라고 불릴 만큼 멍청한 닭은 배가 가렵지만, 졸립기도 하고 약간의 고통이 주는 쾌락 때문에 밤새 잠을 잔다. 닭의 창자와 살을 먹고 싶은 만큼 갉아 먹은 쥐는 조르르 쥐구멍으로 사라진다. 해가 뜬다. 닭은 기운차게 '꼬끼오'하고 울어댄 후 모이를 찾아 나선다. 땅에다 창자를 질질 흘리면서 말이다.

알바 쥐는 알바가 느끼지 못할 만큼 알바의 창자를 조금씩 갉아먹는 사람이다. 알바는 당장 손에 쥐어지는 적은 액수의 알바비에, 그 돈을 쓰는 재미에 빠져 간교한 알바 쥐의 횡포를 모른 척 한다.

알바 주인은 알바 쥐와 달리 사람이다. 알바 주인은 사람이기 때문에 '다른 사람이 아프면 나도 아프다'라고 느낀다. 알바 주인은 고생하는 알바를 보며 측은지심을 느낀다. 조금이라도 수익이 더 생기면 알바비를 올려 주고 가끔 맛있는 음식을 쏘는 센스도 있다. 알바 주인은 공부를 하기 위해, 생계비를 벌기 위해 적은 돈이나마 벌어야 하는 알바의 형편을 잘 안다. 알바 주인은 될 수 있으면 자기 주머니를 털어서라도 알바의 식사를 챙겨주려고 노력한다.

　네가 알바를 한다면, 절대 알바 쥐 밑에서 일하지 마라. 사람이 어떻게 쥐 밑에서 일을 할 수 있겠는가? 사람다운 사람, 인간다운 인간인 알바 주인하고 일을 해라. 그리고 알바 주인에게는 절대 해코지

를 하지 마라. 그렇게 한다면 네가 알바 주인의 창자를 파먹는 알바 생쥐가 될 수 있다.

손놈과 손년은
반드시 응징하라

착한 남자 손님은 손님, 나쁜 남자 손님은 손놈이다. 착한 여자 손님은 손님, 나쁜 여자 손님은 손년이다.

손님을 제외한 손놈과 손년은 알바를 인간으로 보지 않고 서비스 기계로 여긴다. 자기가 바라는 시간에 원하는 것을 알바가 해주지 않으면 손놈은 멍멍 짖어대고 손년은 찍찍거린다. 그 개종자가 불도그라면 침을 질질 흘리며 짖어대 더럽고 추잡스럽게 보이고, 그 쥐가 생쥐라면 더럽게 발발거리고 돌아다니며 찍찍거려 정신이 없어진다.

손놈은 거들먹거리길 좋아하고, 손년은 공짜를 좋아한다. 손놈은 허풍떨기를 좋아하고, 손년은 인색하다. 손놈은 두리번거리면서 알바에게 시킬 일이 없나 찾기 좋아하고, 손년은 알바의 잘못을 찾기 좋아한다. 손놈은 이쑤시개로 이빨에 낀 고춧가루 떼기를 좋아하고, 손년은 물수건에 고춧가루가 묻었는지 찾아내길 좋아한다. 심지어 손놈과 손년은 자식들을 데려와서 "너도 공부 안하면 저렇게 고생하며 산다"라고 알바를 가리키며 손가락질을 한다.

손놈은 계산할 때 카드나 돈을 던져주고, 손년은 영수증 꼬투리 찾기를 좋아한다. 손놈은 주문한 물건이 다른 손님에 비해 양이 적은 건 아닌지 비교하기를 좋아하고, 손년은 공짜 사탕이나 아이스크림을 생전 처음 먹어보는 듯이 막 퍼먹기 좋아한다. 손놈은 공짜라면 양잿물도 마시지만, 손년은 공짜라면 당나귀도 잡아먹는다.

한마디로 손놈은 못난 놈이고 손년은 나쁜 년이다. 손놈과 손년이 알바에게 주는 피해는 막대하다. 알바가 하나라도 사소한 잘못을 하면, 그 잘못을 찾아내 큰소리를 치고 호들갑을 떤다. 알바가 아무런 잘못을 하지 않았는데도 알바 때문에 일이 잘못된 것처럼 난리를 친다. 손놈과 손년은 헐리웃 탑스타가 이혼을 해도, 할인마트 포인트 적립을 안 해 줘도 알바 탓이라고 지랄하며 값을 깎으려고 든다. 그 손실액은 고스란히 알바비에서 깎인다.

손놈과 손년은 확실히 손을 봐주는 게 좋다. 손놈과 손년에게는 인정 따위 발밑에 버려두는 게 좋다. 네가 일하는 곳에서 표나지 않게 해코지할 수 있는 모든 방법을 동원해라. 네가 일하는 곳을 둘러보면 아주 상큼 발랄하고 신선한 복수 방법이 있을 것이다. 그 방법으로 은밀히 복수해줘라. 그리고 다음 알바에게 진상 손놈과 손년이 누구인지 알려주고, 너만의 복수 방법도 전수해줘라.

착한 손님은
반드시 대접해라

착한 손님은 알바를 인간으로 대접하고, 알바가 고생하는 것을 알아준다. 그의 눈길은 침착하고 조용하며, 함께 있는 사람들과 즐거운 시간을 보낸다. 그는 항상 손동작이나 몸동작 하나하나, 말 하나하나 일하는 알바를 배려하고 존중한다.

착한 손님은 알바가 잘못을 해도, 사람이라면 누구나 잘못을 할 수 있다고 생각하며 감싸준다. 행여나 알바가 잘못하여 실수를 해도, 착한 손님은 주인에게 자기가 실수했다며 알바를 감싸준다. 착한 손님은 손에 든 귤 하나 과자 하나라도 알바에게 나눠준다. 착한 손님은 알바나 종업원의 작은 친절에도 맘 속 깊이 고마워하고 기뻐하며 주인에게 어느 알바가 얼마나 서비스를 잘해주었는지 칭찬한다. 그 덕분에 알바의 시급이 올라가기도 한다.

착한 손님은 들어오면서 가벼운 눈인사를 건네거나 손을 흔들어 왔음을 나타내고, 나갈 때도 가벼운 목례나 손인사로 고마움을 표시한다. 착한 손님은 작업복을 입어 찌질해 보이는 알바의 모습에서도 내면의 훌륭함을 찾는다. 착한 손님은 자식과 함께 오면 "저 언니처럼 열심히 사는 모습을 본받으렴!" 하며 조용히 귓속말을 한다.

네가 알바라면 착한 손님들을 반드시 챙겨줘라. 네가 일하는 곳을 돌아보라. 어떤 알바든지 반드시 서비스 상품이나 질 좋은 서비스를 제공할 수 있는 방법이 있다. 찾아서 정말 착한 손님들에게 맘껏 베풀어라. 서비스를 받은 착한 손님은 기분이 좋아질 것이고, 그 영향으로 네 기분은 더더욱 좋아질 것이다.

칭찬 듣기를
바라지 마라

알바는 주인으로부터 성실하고 착하다는 소리 듣기를 바라서는 안 된다. 성실하다는 칭찬을 들었는가? 그렇다면 그건 주인이 네게 정해진 시간보다 30분 일찍 출근하여 청소하고, 30분 늦게 퇴근하면서 정리할 것을 암묵적으로 종용하는 것이다. 추가 시간 일을 한다 해도 알바비를 더 주지 않는다는 것은 알바인 네가 더 잘 알지 않는가!

손님으로부터 친절하고 맘이 여리다는 소리 듣기도 바라지 마라. 네가 친절한 것을 알면, 손님은 다른 알바보다 너를 찾아서 여러 가지 주문을 한다. 게다가 네가 맘이 여리다는 것까지 알아차리면 알바로서는 들어줄 수 없는 요구를 하려고 편하게 쉬는 알바가 있는데도 유독 너를 불러 일을 시키려고 할 것이다. 손님에게 친절하지 마라. 손님하고 친해져 봤자 다시 만날 일이 없다는 것을 알바인 네가 더 잘 알지 않는가!

같이 일하는 동료들로부터 일 잘하고 착하다는 소리 듣기도 바라지 마라. 네가 일 잘하는 것을 알면, 동료 알바들은 자기 일을 너에게 떠넘기고 슬슬 농땡이를 칠 것이다. 네가 알바 초짜라면 특히 더 그럴 것이다. 일이 쌓여 있는 것을 참지 못하는가? 그래서 그 일을 네가 하는가? 그러다 보면 네가 사장이나 매니저가 아닌데도 모든 일을 해야 하는 불상사가 일어날 것이다. 게다가 착하기까지 한가? 그렇다면 동료 알바들은 자기가 마치 중간관리자나 사장이나 되는 듯이 너에게 이것저것 일을 지시할 것이다. 동료 알바의 칭찬을 바라지 마라. 알바를 그만두면 동료들과 다시 만나지 않는다는 것을 네가 더 잘 알지 않는가!

알바는 모름지기 칭찬을 들어서는 안 된다. 마지못해 일하는 듯이 보여야 한다. 집에서 귀하게 자라 아무런 일도 할 줄 모르는 듯이 보여라. 네가 여자이고 음식점에서 일을 한다면, 파를 어떻게 까야 하느냐고 물어보라. 주인과 주방 아줌마가 깜짝 놀라 너에게 힘든 일을 시키지 않을 것이다. 네가 남자이고 편의점에서 일을 한다면, 박스를 어떻게 들어야 하느냐고 물어보라. 주인과 매니저는 너를 한심한 놈쯤으로 여기고 힘든 일을 시키지 않을 것이다. 그래야 네가 할 일이 점점 줄어들고, 마침내 꼭 해야 할 일만 하게 될 것이다. 알바는 수상할 정도의 연기력이 필요하다.

알바는 무섭고 화난 듯이 보이는 게 좋다. 주인에게는 언젠가는 분탕질을 칠 놈으로 보여라. 주인이 조금만 잘 못 대하면, 언젠가 어떤 방법으로든 복수할 것이란 인상을 줘라. 그래야 너의 알바비를 떼먹을 생각 못하고, 너에게 꼭 필요한 일만 시킬 것이다. 알바의 카리스마는 언제나 칼! 이쓰마!

손님에게는 다루기 힘든 놈이자 답답한 놈처럼 보여라. 네가 친절하지도 않고 무뚝뚝한 놈처럼 보이면, 손님은 너에게 주문을 하지 않을 것이다. 네가 앞뒤가 꽉 막힌 답답한 놈처럼 보이면, 손님은 다른 알바를 불러서 일을 시킬 것이다.

동료들에게는 무슨 생각을 하고 있는지 짐작할 수도 없을뿐더러 항상 불만에 가득 찬 놈으로 보여라. 네가 무엇을 생각하는지, 네가 현재 무엇을 하는지 동료들이 모르게 하라. 네가 신비롭게 보일수록 동료 알바는 너를 두려워할 것이다. 너에게 일을 시키기보다는 자기가 알아서 스스로 할 것이다. 게다가 네가 항상 불만에 가득 찬 것처럼 보이면, 동료 알바는 너의 눈치를 보면서 자기가 무언가 잘못해서 그러나 보다 생각하고 더더욱 열심히 일할 것이다. 이제 알바 너는 연기대상을 휩쓰는 실력파 배우가 되었을 것이다.

단, 주인이 알바비를 잘 챙겨주고 마음을 써준다면, 착한 손님이 주문을 한다면, 동료 알바가 솔선수범 열심히 일을 한다면, 그렇다면 위에서 말한 것과 정반대로 행동하라. 그러면 네 통장 잔고는 너의 몸무게 불어나듯 늘것이고 덩달아 평판도 좋아질 것이다. 알바너를 보려고 손님들이 더 늘어난다면 그 또한 네 알바비를 오르게 할 것이다. One Stone Three Birds, 아니 원 펀치 쓰리 강냉이는 바로 이럴 때 쓰는 말이다.

나서서
일하지 마라

초짜 알바가 흔히 저지르는 커다란 실수는 시키지 않은 일에 나서는 것이다. 동물적인 감각으로 주인과 관리자 등에게 잘 보이면 떡고물이 더 떨어질 것이라는 짧은 생각 때문이다. 하지만 그러면 그럴수록 주어지는 일이 점점 많아진다. 겨우 최저시급을 받는 알바임에도 마치 정직원이나 관리자라도 되는 듯이 일을 해야 한다. 두고두고 화근이 되므로 절대 나서지 마라.

시키는 일만 겨우겨우 처리할 수 있는 듯이 일해라. 네가 받는 알바비로는 절대 할 수 없는 일을 지금 네가 하고 있는 듯이 있는 대로 생색을 내며 일해라. 그래야 일이 조금 더 많아졌을 때 알바비가 쬐끔이라도 오를 수 있다.

알바를 오래 한 사람일수록, 살아온 삶의 절반가량을 알바로 지낸 베테랑 중의 베테랑 알바일수록 절대 나서지 않는다는 것을 명심해라. 손님이 처음 부르면 못 들은 척 해라. 두 번째 부르면 반대쪽을 돌아보라. 세 번째 부르면 마지못해 고개를 돌려라. 네 번째 부르면 똥 싸고 막 나온 폼으로 어기적어기적 다가가라. 그리고 손님이 말하면 잘 이해 못하지만 알아들었다는 듯이 고개를 주억거려라.

시간 약속
지키지 마라

알바는 일한 시간만큼 돈을 받는다. 자본주의 사회는 시간이 곧 돈이다. 바보 알바는 30분 전에 미리 도착해 일할 준비를 하고, 끝나고 30분 뒤까지 정리를 하고 퇴근한다. 바보 알바는 한 시간을 더 일하고도 돈을 받지 못한다. 알바 주인은 이런 천치 멍텅구리 알바를 무척 사랑하고 좋아한다. 칼 출근! 칼 퇴근! 알바보감의 최상급 계명이다.

평범이 알바는 겨우겨우 시간에 맞춰 도착한다. 일을 하기 위해 옷을 갈아입는 시간부터 알바 시급을 계산하기 때문이다.

똑똑이 알바는 퇴근 10분 전에 옷을 갈아입고 정시에 칼 퇴근한다. 똑똑이 알바는 항상 조금 늦게 도착하고 조금 일찍 퇴근한다. 일을 덜하고 정해진 시간만큼 돈을 받기 때문에 그만큼 이익이다.

알바는 항상 시간을 지키지 못한 이유를 만들어 놓아야 한다. 가까운 친인척 병문안, 교수님의 급작스런 부탁, 뉴스에 보도되지 않

을 정도의 경미한 지하철 지연 사고나 버스 추돌 사고 등은 기본이
다. 조금 많이 늦으면 할머니, 할아버지, 삼촌, 이모, 외숙모 등의 갑
작스러운 부고를 써먹어라. 청첩장은 있어도 부고장은 없다. 그러니
있든 없든 주변의 모든 친척을 다 동원해도 좋다. 21세기 대한민국
의 알바는 스토리텔러가 되어야 한다.

그것도 다 써먹어 더는 변명거리가 없는가? 정 댈만한 이유가 없
으면 지하철 안에서 사자를 만나 싸우다가 겨우 도망쳐 왔다고 해
라. 그것도 써먹었다면 외계인에게 납치되어 정자와 난자를 다 빼앗
기고 겨우 탈출했다고 해라. 알바 주인이나 관리자가 믿지 않아도
상관없다. 알바가 받는 알바비는 세계에서 가장 '짠' 물질이다.

정말 불가피한 사정으로 조금 일찍 출근했다면, 화장실에서 2~30
분 동안 담배를 피우면서 스마트폰으로 해야 할 일을 하는 센스를
갖춰야 한다. 전날 술이라도 한잔 했다면, 화장실을 하루에 대여섯
번씩 들락거리며 갈 때마다 10분 정도 앉아 있어라. 대개의 알바 주
인들은 술을 진탕 먹고 위액까지 토한 경험들이 있어서 술 덜 깬 알
바의 고충을 알아주리라. 유유상종, 끼리끼리 통하는 법! 만약 알아
주지 못한다면 그놈은 사람도 아니라는 것을 명심해라.

짱 박힐 곳을
찾아라

알바는 알바 외에 할일이 많다.
리포트도 써야 하고, 책도 읽고 가끔 영화도 한 편씩 봐야 하는 할일

많은 청춘이다. 전날 과음을 주로 하는 알바라면, 밤새 게임을 하는 알바라면, 아니 세상의 모든 알바라면 작업장에서 짱 박힐 곳 하나쯤은 찾아둬라. 그곳에서 담배 한 대 피면서 잠시 쉬어라. 먹을 것이 있다면 먹으면서 쉬는 것도 좋다.

짱 박힐 곳을 찾는 방법은 아주 간단하다. 주인의 눈이 미치지 않는 곳, 감시 카메라에 잡히지 않는 곳, 중간관리자가 너를 찾으려면 제법 시간이 걸리는 곳이면 된다. 일을 하다 조금만 힘들어도 될 수 있으면 쉬어라. 쉬면서 미안한 마음을 가질 필요는 없다. 네가 받는 알바비는 인간으로서의 품위를 유지할 수 없거나 겨우 생활이 가능한 정도의 최저시급이기 때문이다.

알바비로 네 몸 건강과 정신 건강과 학비를 마련할 수 없다면, 자주 짱 박혀 쉬어주어야 한다. 잘 쉬어야 공부 열심히 해서 장학금도 받을 수 있고, 장학금을 못 받을 형편이라면 다른 알바를 해서라도 돈을 더 벌 수 있기 때문이다.

주인의
약점을 잡아라

알바는 반드시 주인의 약점을 잡아두는 것이 좋다. 현미경 만 배로 눈을 밝히고 소머즈 천 배로 귀를 열어두라. 세상에 털어서 먼지 안 나는 놈 없다. 먼지 안 나는 놈은 신이거나 죽은 놈이다. 알바 주인은 어떤 경우든 반드시 약점이 있기 마련이다. 알바 주인이 남자라면 전화를 받을 때 신경 써서 들어

뒤라. 반드시 여자 문제가 있을 것이다. 만약 없다면 법을 어기고 있지는 않은가 살펴봐라. 법을 어기지 않고 사업을 하는 사람이 있다고 생각하는가? 만약 그런 사람이 있다면 대통령 비서실에 연락해라. 모범 사업자 훈장을 받게.

알바비를 올리고 싶다면 주인의 약점을 적극 활용해라. 아무런 문제가 없는데도 쫓아낸다면 미리 파악해둔 약점을 적극 활용해라. 네가 원하는 것을 모두 얻을 수 있을 것이다. 그렇다면 '약점 활용 능력 시험' 줄여서 '약활' 만점자가 될 것이다.

네 물건인 양
여겨라

네가 알바를 하면서 다루는 상품이나 서비스를 네 것인 양 여겨라. 주인의식을 가지고 솔선수범하여 아껴 쓰고 청소하라는 말이 아니다. 법이 허락하는 한도 내에서 네 것인 양 마음대로 먹고 사용하고 가져가라는 말이다.

먹는장사라면 먹고 싶은 것을 적당히 눈치 봐가며 먹어도 된다. 상품을 판매하는 곳이라면 홍보용 물건을 적극 활용하는 것도 좋다. 네가 공짜로 음식을 먹으면 밥값이 줄어들 것이고, 공짜 화장지라도 하나 더 가져가면 물건 구입비가 줄 것이다.

착한 손님이 있으면 서비스 상품을 더 주도록 해라. 주인이 뭐라고 떠들어대면, 더 많은 손님을 끌기 위한 순수한 서비스 정신의 발로라고 말해라. 그걸 이해 못하는 알바 주인은 곧 망할 테니 걱정할 필요가 없다. 친구나 아는 사람이 오면 포인트를 더 주도록 해라. 방문한 횟수만큼 서비스 상품을 준다면, 그들이 올 때마다 도장을 팍팍 찍어줘라. 도장 찍는 데 힘이 드는 것도 아니고, 주인이 어차피 찾아낼 방법도 없다. 그럴수록 네 인격지수는 점점 더 상승할 것이고, 인기 있는 사람이 되어갈 것이다.

알바인 네가 하는 일에 조금만 익숙해지면 감시 카메라도 아무 소용이 없다. 알바가 일하는 곳도 사람 사는 곳이므로 같이 일하는 분들이나 거래처 직원들과 조금만 친해지면 홍보용 물건은 네가 원하지 않아도 차고 넘칠 것이다.

새를
입에 달고 살아라

알바는 힘들다. 알바는 일 자체도 힘들고, 주인이 주는 스트레스도 힘들고, 손놈과 손년들이 주는 스트레스 때문에도 힘들다. 힘들 때 참지 마라. 그렇다고 유리창을 깨거나 주인과 손놈, 손년을 쥐어박아서는 안 된다. 힘들 때 반드시 풀어라. 풀지 않으면 하고 있는 알바를 그만두어야 한다. 아니면 병이 나 알바로 번 돈보다 더 많은 돈을 병원비로 쓸 수도 있다. 요즘 ABHB라는 새로운 병이 문제라고 사회적으로 난리다. 이름하여 '알바 화병'이다.

힘들 땐 무조건 욕을 해라. 주인이 좆같이 굴면 '아이 세발!' 하고 혼잣말을 해라. 손놈과 손년이 엿같이 놀면 '좆같은 놈이 지랄을 해요, 지랄을!' 하고 혼잣말을 해라. 일 자체가 힘들면 '졸라 힘드네!' 하고 떠들어라.

평생 욕을 한 번도 해보지 않았는가? 그럼 'Welcome to 욕의 세계' 십새끼 대신 '십센티'라고 말해라. 개새끼 대신 '개나리'라고 소리쳐라. 씨발 대신 '세발', 지랄이야 대신 '제랄이야'라고 외쳐라. 십센티, 개나리, 개제랄이라고 떠들어라. 아니면 조금 고상하게 '난 완전히 새(鳥) 됐어'라는 노랫말을 흥얼거려라.

욕을 하면서 주인의 말도 안 되는 요구사항을 비웃어라. 손놈과 손년의 뭐 같은 주문을 비아냥대라. 일이 힘든 것을 웃어넘겨라. 웃어넘기지 못하면 반드시 큰 사고가 난다. 꼭 욕을 입에 달고 살아라. 주인에게 들릴락 말락 욕하고, 손놈이나 손년 혼자 듣게 욕을 해라. 만약 화를 낸다면, '저는 욕이 뭔지 몰라요, 들어 본적도 없고 해 본 적도 없어요'라는 순진한 얼굴을 해라. 화를 낸 주인, 손놈, 손년이 민망해질 정도로 착한 얼굴을 하고서 말뚱말뚱 쳐다보아라. 상황이 종료되면 "세발 새끼, 귀는 밝아가지고 제랄이야!" 하고 돌아서라.

알바는 욕을 하지 않으면 안 된다. 알바 말고도 해야 할 일이 너무 많기 때문이다. 알바를 하면서 쌓인 스트레스는 바로 그 자리에서 풀어야 한다. 그러지 않으면 최저시급을 받는 대가로 잃을 것이 너무 많기 때문이다.

알바가 알아야 할 4가지 지식

알바는
초인이다

　알바(Alba)와 아르바이터(Arbeiter)
는 다르다. 알바는 초인이고 아르바이트를 하는 사람은 무능력자이
다. 진보 진영에서는 노동자라 부르고, 보수 측은 근로자라 부르는
아르바이터들을 보라. 아르바이터를 채용할 때 필요한 것은 학력,
자기소개서, 이력서뿐이다. 반대로 알바의 자격 조건과 채용 조건을
보라.

　알바라면 기본적으로 근면, 성실, 정직함을 갖춰야 한다. 밝은 미
소, 긍정적인 마인드, 상냥함, 가족처럼 화목하게 일할 마음을 표현
할 줄 알아야 한다. 업무 면에서 친절과 책임감, 끈기를 발휘할 줄 알
아야 한다. 또, 대개의 알바라면 이 정도 외에 서비스 마인드도 필요
로 한다. 게다가 네가 여자라면 착한 몸매와 적당한 외모 또한 기본
이고, 남자라면 혐오감을 주지 않을 정도의 얼굴과 사교성 있는 웃
음도 기본이다. 이 정도를 갖춘 사람이라면 가히 초인이라고 할 수
있지 않을까?

　알바는 일에서도 초인적인 능력을 발휘한다. 피시방 알바라면 혼
자서 적어도 50대 이상의 피시를 관리할 줄 알아야 하며 여러 가지

일을 동시에 처리할 줄도 알아야 한다. 편의점 알바를 보라. 최소 20여 평이 넘는 매장에 드나드는 숱한 손님들을 감시하면서 계산까지 척척 해내지 않는가. 고깃집 알바라면 10여 미터 떨어진 탁자에서 젓가락 떨어지는 소리를 들을 줄 아는 청력을 갖추어야 하고, 손님이 떨어진 젓가락을 집어 들기도 전에 새 젓가락을 가져다주는 스피드 또한 기본으로 갖춰야 한다.

알바가 학생일 때 이러한 초인적인 면모는 더 잘 드러난다. 낮에 공부하면 밤에 알바를 하고, 낮에 알바를 하면 밤에 공부하면서 24시간 내내 거의 잠을 자지 않는 슈퍼맨 같은 괴력을 발휘한다.

알바가 초인인 것을 주인 빼고는 모든 사람이 다 알고 있지만, 알바 주인만은 알바를 아무 일도 할 줄 모르면서 돈만 축내는 버러지 정도로 생각한다.

알바는
선인이다

알바는 세상에서 가장 착한 사람들이다. 노동자는 정규직과 비정규직으로 나뉘는데, 비정규직이라 할지라도 4대 보험 혜택을 받는다. 하지만 대개의 알바는 초인적인 능력을 갖추고 초인적인 일을 하면서도 4대 보험 혜택을 받지 못한다. 만약 혜택을 받는 알바가 있다면, 마음이 아주 착해서 자기 돈으로 상당 부분을 내곤 한다.

노동자는 무능력자임에도 불구하고 아주 많은 돈을 받는 반면, 알바는 초인임에도 아주 적은 돈을 받고 일을 한다. 그래도 알바는 크게 불만을 갖지 않으며, 알바를 할 수 있다는 사실에 아주 만족스러워 한다. 현실 비판 능력 상실 증후군 감염 초기 증세다.

노동자는 점심을 먹는 시간도 일을 한 것으로 여겨 월급을 받는다. 알바는 오전 4시간 오후 4시간 일을 하면서 중간에 점심을 먹을 때 자기 돈을 내고 먹는다. 뿐만 아니라 밥을 먹는 시간은 알바비를 받지 않는 센스도 갖추고 있다.

노동자는 짤리면 데모도 하고 퇴직금을 더 많이 달라며 대그빡이 터지도록 싸운다. 알바는 오늘 당장 일을 하다 짤려도 별 말을 하지 않고 어색한 웃음으로 그 상황을 모면한다. 노동자가 짤리면 사회 저명인사나 유명 단체들이 노동자의 생존을 보장하라며 연대투쟁을 한다. 알바는 짤려도 '알바 전선 이상 무'란 듯이 아무런 일도 일어나지 않는다. 너무 고요해서 이상할 정도이고, 그만큼 말이 없을 정도로 알바는 착하다.

노동자가 분신을 하거나 일을 하다 죽으면 민주사회장이니 노동장이니 거창한 행사를 치르고 기억하기를 강요한다. 알바는 일을 하다 죽어도 꽃 한 송이 바치는 사람이 없고 아무도 기억하지 않는다. 오로지 집안 식구들만이 그 죽음을 기억하고, 알바를 할 수밖에 없도록 만든 가난을 죽도록 서러워할 뿐이다.

알바가 얼마나 착한지는 이십대의 죽음을 보라. 이십대에 죽은 자의 절반가량은 자살이다. 그들은 알바로 살다 살다 지친 자들이다. 그들은 지금 알바를 해서 버는 돈으로 헤쳐 나가야 할 일이 산더미 같고, 그 산더미를 다 치운다 해도 희망 없는 미래에 좌절한 자들이다. 이제는 절망, 오늘은 실망, 내일은 두려움, 모레는 또다시 절망이 알바의 삶이다. 그 이십대들이 소주잔을 앞에 놓고 연탄과 번개탄이 피워올리는 일산화탄소를 안주 삼아 자신들의 알바 영웅담을 이야기하며 죽어간다. 술에 걸 취하고 일산화탄소에 속 취해 목소리가 높아지지만, 쓸쓸한 죽음의 그림자를 막을 수는 없다. 마침내 그들은 서로 위로하면서 알바가 없는 편안한 세상으로 떠난다. 하지만 그들을 위한 조사도, 화환도 없다. 심지어 가족마저 쉬쉬하며 입을 다문다. 알바와 알바의 가족은 이처럼 무지무지 착하다.

파이를 키워 나누자는 보수주의자들도, 지금 가진 파이라도 잘 나누자는 진보연하는 자들도 알바에 지쳐 스스로 목숨을 끊은 그들을 눈여겨보지 않는다. 알바로 지친 삶, 알바로 살 수밖에 없는 험난한 현실, 알바로는 그 어떤 미래의 희망도 기대할 수 없는 우리 현실을 아무도 돌아보지 않는다. 알바만이 삶의 유일한 수단이었던 그들의 과거와 현재와 미래를 되돌아보지 않는다. 다만 삶이 지겹고 권태로워 사치스럽게 죽은 자들로만 낙인찍을 뿐이다. 그럼에도 알바는 아무 말도 않고 다만 지켜보는 착한 마음의 소유자들이다.

힘들어야
청춘?

먹물, 부자, 권력자, 종교인 등은 아프니까 청춘이듯이 힘들어야 청춘이라고들 한다. 젊어 고생은 사서도 하듯, 젊은 시절 한때의 알바는 청춘을 위한 송가라고 떠들어

댄다. 하지만 그들은 자기 자식들에겐 절대 알바를 시키지 않는다. 대신 다양한 경험의 스펙을 쌓게 하고 많은 돈을 써가며 유학을 보낸다. 이윽고 죽도록 고생하며 뒷바라지한 그들의 자식들은 변변찮은 회사에 취직해 무능력자 노동자가 된다. 그들은 7~8년이 지나면 겨우 연봉 1억 원도 안 되는 불쌍한 직땡이 된다.

하지만 그 무능력자는 별로 일을 할 줄 몰라 적당히 일을 때우며 가끔 사고도 치지만 정년퇴임을 할 때 이래저래 모은 돈이 20억 원이 넘는다. 물론 사회적으로나 법적으로 금지하고 있는 일을 눈 꾹 감고 해치우기도 한 덕이다. 그는 알바처럼 초인적인 능력이 없기 때문에 적당한 죄를 저질러도 국가가 용서해 줄 것이라고 믿는다.

반면, 힘든 청춘을 보내는 알바는 여러 종류의 알바를 섭렵한다. 대학 졸업 때까지 십여 가지 알바는 기본이고, 좀 한다 싶으면 이십여 가지 알바도 한다. '워킹 알바 딕셔너리'가 그의 삶이다. 물려받은 재산도 없고 스펙을 쌓을 시간도 없는 알바는 자칫하면 알바로 시작한 인생을 30대나 40대, 심한 경우 50대나 60대까지 지속하기 십상이다. 비석에 '알바로 살다 알바로 죽은 네이버 신지식인 알바백과사전! 세상의 모든 알바에 대해 그에게 물어라!'라는 글이 묘비명으로 새겨진다.

그래도 알바는 불만이 없다. 왜?

아프니까 청춘이고 아픈 만큼 성숙해지는 게 세상의 이치인데, 60이 넘어서도 만년 아프기만 한 청춘이었기 때문이다. 어쩌면 죽어서까지 저승길 관광가이드 알바를 하고 있을지도 모른다. 살아서 덜 아팠기에 죽어서라도 더 아파야 하기 때문에.

피도 눈물도 없는
알바 주인

겉과 속이 같은 알바 주인이 있다면 그는 악마거나 바보거나 둘 중 하나이다. 만약 겉과 속 모두가 돈을 위해 살고 돈을 위해 죽는 돈생돈사라면, 그는 인색하기 짝이 없는 파렴치한 수전노이자 돈이 된다면 영혼도 버릴 수 있는 악마일 것이다. 반대로 겉과 속이 항상 인간적인 알바 주인이라면, 그는 장사치로서는 곧 망할 바보임에 틀림없다. 세상에 그런 악마와 바보는 거의 없다.

그렇기 때문에 알바 주인은 대개 겉으로는 알바만큼이나 선량한 사람으로 보인다. 겉만 보면 그는 인간적이며 알바에게 그렇게 우호적일 수가 없다. 학비를 벌기 위해 고생한다고 알바에게 위로를 아끼지 않는다. 알바가 집안 생계를 책임지고 있다면 정말 젊은이다운 태도라며 등을 다독인다. 사회 경험을 위해 알바를 한다고 말하면, 나이가 들어 커다란 도움이 될 것이라고 조언을 아끼지 않는다.

하지만 다정한 알바 주인의 속을 들여다보라. 주인이 남자라면 섹스에 대한 생각 외에는 어떻게 하면 알바에게 돈을 주지 않을까만 고민한다. 여자라면 자식 공부 걱정 외에는 어떻게 하면 알바에게 돈을 적게 줄 수 있을까만 생각한다. 남자든 여자든 알바 주인은 어떻게 하면 알바비를 줄이고 자기 수입을 늘릴까 연구에 연구를 거듭한다.

세상의 모든 알바 주인은 겉으로 보이는 모습과 실제 모습이 전혀 다르다. 알바는 알바 주인이 겉으로 인간적인 척 하는 모습에 감동 먹어서는 안 된다. 알바 주인이 너를 감동 먹게 하는가? 그렇다고 해서 마음속으로 성실하게 일할 것을 다짐하지 마라. 돈을 덜 주고 싶은 새까만 속내를 알아차려라. 적당히, 눈치껏 네 육체와 정신적 능력의 50퍼센트 이상을 소비하지 마라. 그 정도면 네가 받은 알바비 이상의 일을 한 것이다. 아니 사실 30퍼센트 정도만 일을 해도 네가 받은 돈값은 충분히 한 것이다.

요란하게 짖기만 할 뿐 전혀 물지 못하면 애완견이다. 짖어야 할 때 짖지도 않으면 팽 당하고 버려지는 유기견이다. 진짜 개는 으르렁거리거나 짖지 않는다. 진짜 살아있는 개는 짖어야 할 때가 되면 사정없이 문다. 진짜 알바답게 물어야 할 때 물줄 알고, 한번 물면 살이 떨어져 나가도록 절대 놓지 말아야 한다.

주유소 사장이 너의 알바비를 주지 않는다면, 네가 어리다는 이유로 뺨을 때리거나 구타를 한다면, 게다가 네가 어린 여자아이라는 이유로 엉덩이를 주무른다면 혼유로 한방 날려줘라. 폐차 직전의 낡은 차가 들어올 때 네가 먼저 달려가라. 그리고 작은 구멍 차라면 큰 총이 있는 곳으로 인도를 하고, 큰 구멍 차라면 작은 총이 있는 곳으로 끌고 가라. 네가 몇 번만 이렇게 한다면 알바비를 챙길 수 있을 것이다.

1장

뛰고 뛰고 또 뛰는
햄스터

불법도 또한 적법
전단지 알바

초딩 전단지 알바에게
내리는 형벌

한여름. 쏟아지는 뜨거운 태양과 찌는 듯 높은 습도. 한 뭉치는 가방에 한 뭉치는 손에 전단지 500장씩을 챙긴 뒤, 달리고 달리고 나눠주고 나눠준다. 더우면 가져온 얼린 물을 마시고, 땀을 너무 많이 흘렸다 싶으면 소금을 먹는다. 그리고 햇볕에 얼굴이 타는 것을 막기 위해 틈만 나면 천냥마트에서 파는 1+1 썬크림을 바른다.

한겨울. 코가 찡하도록 매서운 바람. 장갑도 끼지 않은 여린 손이 전봇대와 현관문 앞에 찌라시를 붙이고 또 붙인다. 이십대 청년이 아니라 앳되고 앳된, 아직 대가리에 피도 안 마른 어린이. 초딩 전단지 알바! 법은 그 어린 알바에게 형벌을 내릴 수 있다.

만 11세 소년 나 알바는

아직 15세가 되지 않았지만

돈을 벌겠다는 사행심으로 전단지 알바를 하면서

부모의 허락을 받지 않고

15세 미만 어린이가 노동을 해서는 안 되는

근로기준법 64조를 어겼으며,

하루 10시간 전단지를 배포하는 노동을 하였으므로

근로기준법 69조를 위배했으며,

의무교육을 제대로 수행하지 않고 부모에게 심려를 끼쳤으므로

초등교육법 25, 26, 27조를 위반하였고,

다른 사람의 집에 전단지를 부착하였으므로

경범죄 13조를 어지럽혔으며,

전단지를 공공의 장소라 할 만한 전신주에 붙였으므로

옥외광고물관리법 3조를 지키지 않았으며,

여럿이 화목하게 살고 있는 아파트에 허락을 받지 않고 들어갔으므로

주거침입죄를 규정한 형법 319조를 파괴하였고,

알바비를 받았음에도 소득에 따른 각종 세금을 납부하지 않았으며,

연소자의 근로는 특별한 보호를 받는다는

헌법 32조 5항을 국가가 위반하게 만들었으며,

국가는 청소년의 복지 향상을 위한 정책을 실시할 의무가 있다는

헌법 4조 4항을 국가가 준수하지 못하게 함으로써

국가의 위신을 떨어뜨리는 등 역모죄를 범하여

그 죄가 위중하므로 알바로 번 돈을 몽땅 세금으로 납부하는 동시에

평생 알바로 살아가도록 노동교화형에 처한다.

단, 이렇게 판결 내리지 않아도

너에게 특별한 일이 생기지 않는 한(예컨대 돈벼락을 맞는 등)

현실이 너를 평생 알바로 살아가도록 강요할 것이므로

시간이 너를 평생 알바로 살아가도록 만들 것이므로

평생 알바교화형을 받으리라.

전단지 알바는
불법이다

중3도 안된 중땡이 알바를 한다. 개가 ㅋㅋ할 일이다. 초땡이 알바를 한다. 소가 ㅎㅎ할 일이다. 엄마와 아빠의 손을 잡고 다녀야 할 15세 미만의 어린이가 알바를 하는 것은 불법이다(근로기준법 64조). 15세 미만의 어린이가 취직인허증을 가지지 않고 전단지를 돌리기 위해 하루 열 시간을 뛰고 있다. 이것 또한 불법노동이다(근로기준법 69조). 이런 어린이를 고용하는 것 또한 불법이다.

초땡이 전단지 알바를 하는 것은 불법이지만 엄연한 현실이다. 파렴치한 어른이 초땡을 고용하여 알바를 시키는 것 또한 현실이다. 초땡은 초등생 기준으로 상상을 초월할 만큼 큰돈인 하루 2만 원을

벌기 위해 알바를 한다. 어른은 가능하면 알바비를 적게 주기 위해 초땡을 고용한다.

어린이의 욕심과 어른의 약삭빠름이 어우러져 불법을 저지른다. 초땡 전단지 알바는 돈을 벌고 싶은 아이의 욕심과 돈을 덜 주고 싶어 초땡을 고용하는 어른의 욕망이 만들어낸 합작품이다.

전단지 알바는
무조건 불법 노동이다

전단지를 붙이는 것은 불법 노동이다. 전단지를 다른 사람의 집에 붙이는 것은 경범죄 13조를 위반하는 것이다. 다른 사람의 집이나 그 밖의 공작물에 함부로 광고물 등을 붙이거나 걸어선 안 되고 글씨나 그림을 쓰거나 그려도 안 되기 때문이다.

전단지를 전신주에 붙이는 것 또한 불법이다. 옥외광고물 관리법 3조를 위반하는 것이다. 도시계획구역 및 기타 일정한 지역 내에서 광고물 등을 설치하기 위해서는 시장, 군수, 구청장 등의 허가를 받거나 신고하도록 되어 있기 때문이다.

아파트 단지와 아파트 안에 허가를 받지 않고 들어갔다면 그것 또한 불법이다. 주거침입죄를 어겼기 때문이다. 만약 음란하거나 퇴폐적인 내용 등으로 미풍양속을 해칠 우려가 있는 전단지를 돌렸다면 그것 또한 불법이다. 옥외광고물관리법을 위반한 것이기 때문이다.

초땡도 알바를 해야 사는 세상인겨?

아직 대가리에 피도 안 마른 어린 것들이 돈을 벌겠다고 알바를 하는 걸 어떻게 생각해야할까? 생각하고 자시고 할 필요도 없다. 이미 초땡이나 중땡이 전단지 알바를 하고 있는 현실이기 때문이다. 왜 초땡이 전단지 알바를 하는가? 초땡도 돈이 필요한 세상! 이것이 정답이다.

나 알바의 5학년 2학기 겨울 방학 일기

친구들이 가지고 있는

예쁜 펜, 머리핀과 끈, 액세서리를 나도 갖고 싶고

친구 생일날 선물도 해야 하고

가끔 친구들이랑 피시방에도 가야하고

거기에서 컵라면도 먹고 불벅도 먹고 음료수도 마셔야 하고

한 달에 한 번 만화영화나 영화도 봐야 하고

정말 아주 가끔 친구들이랑 햄버거도 한 번씩 먹고 싶고

친구들에게 한 달에 한 번 떡볶이도 쏴야 하고

날씨가 더울 때 친구들이 아이스크림이나 슬러시를 먹으면

나도 먹지 않으면 안 되고

친구가 사탕을 빨고 있으면 나도 츄파춥스 정도는 빨아줘야 하고

친구가 과자를 먹고 있으면 나도 그 정도는 먹어야 하고

학원 친구들이랑 공부 스트레스 풀기 위해

가끔 노래방에도 가야 하고

친구들이 가지고 노는 게임기와 게임 시디는 있어야 하고

......

한 달 용돈은 1만 1,000원이고

써야 할 돈은 모두? ...... 으! 계산이 안 된다.

......

모자란 용돈은 어떻게 하지?

엄마도 아빠도 매일 돈 걱정 하는 것 같던데

......

알바라도 할까?

초땡도 이성 친구 생일선물을 사주기 위해, 최소한의 사회적 품위를 유지하기 위해 어느 정도 용돈이 필요하다. 부모가 주는 용돈만으론 턱도 없이 부족하다. 그럼 정답은? 스스로 돈을 벌어야 한다. 알바를 해야 한다. 초땡이 하루 7~8시간, 많으면 10시간 전단지를 배포하면 부모에게 받는 한 달 용돈보다 많은 2만 원을 벌 수 있다. 그래서 상대적으로 손쉬워 보이는 전단지 알바에 초땡이 달려든다. 이것이 현실이다.

초땡은
등쳐먹어도

초땡 알바여, 중땡 알바여! 절대 전단지 버리지 마라. 너무 덥다고, 너무 춥다고, 너무 힘들다고 전단

지를 버리지 마라. 전단지 배포 업자는 오토바이를 타고 다니며 귀신같이 찾아낸다. '전단 아저씨는 알고 계신데~, 누가 착한 알바인지~, 나쁜 알반지~' 전단지 업자는 네가 버린 전단지를 발견하고 알바비는커녕 버린 전단지에 대한 손해배상을 요구할지 모른다. 정말 돈이 필요해 알바를 했지만 돈도 못 받고, 뺨을 얻어맞을지도 모른다.

초띵 중띵 전단지 알바여, 아파트 경비에게 붙잡히지 마라. 붙잡혀 전단지를 빼앗기면, 전단지 업자는 귀신같이 알아내고 돈을 주지 않기 때문이다.

전단지 업자가 초띵과 중띵을 고용하는 것은 불법이다. 한 번 법을 어긴 사람은 언제든지 또 법을 어길 수 있다. 전단지 업자는 초띵과 중띵에게 땀에 절고 코 묻은 알바비를 한 푼도 주지 않으려고 또 법을 어길 것이다.

1,000장 중에 10장이나 20장을 버리거나 빼앗기고서 돈을 못 받으면 얼마나 억울한가! 물집 잡힌 발을 보고 억울해 눈물이 날 것이다. 게다가 우락부락한 아저씨가 손해배상을 청구하겠다고 협박을 한다면 얼마나 겁이 나겠는가. 잠을 못잘 정도로 두려울 것이다. 절대 버리지 말고, 절대 붙잡히지 마라.

초띵 전단지 알바여, 중띵 전단지 알바여! 그렇다고 힘든데 전단지를 다 돌릴 생각도 하지 마라. 경비에게 붙잡혀 전단지를 빼앗겨도 너무 걱정하지 마라. 손해배상을 운운한다고 해도 절대 겁먹지 마라. 너를 고용한 것 자체가 불법이기 때문이다. 그렇기 때문에 절대 손해배상을 청구할 수 없다.

초띵 전단지 알바여, 중띵 전단지 알바여! 돈을 받지 못해서 억울한가? 15세 미만인 네가 일하는 것 역시 불법이라 하소연할 길이 없다고 생각하지 마라. 경찰서를 찾아가 신고해라. 그러면 너의 말을 듣고 친절한 경찰 아저씨가 잘 처리해 줄 것이다. 단, 신고를 하기 위해서 전단 아저씨의 전화번호를 반드시 알아두도록 해라.

초띵과 중띵 알바비를 뜯어먹는 진상들이여! 10장이나 20장 버리고 빼앗겼다고 돈을 주지 않는 진상들이여, 진상 그만 떨고 웬만하면 알바비 챙겨줘라. 네 아들딸보다 어리고, 네 조카만 한 아이들이다. 어리고 어린 아이들이 더운 날 소금까지 먹으며 전단지를 붙이고, 추운 겨울날 장갑도 끼지 않고 찌라시를 나눠주는 일을 한 것이다. 자판기 커피를 36개월 할부로 마실지언정 초띵 중띵 알바비를 떼먹지 마라. 그렇게 돈을 떼인 알바는 평생 어른들을 증오하고 살 것이다.

빈손을
가만 놔두지 마세요

저녁 퇴근길 먹자골목에 들어서면 언제나 만나는 사람들. 족발집, 곱창집, 맥주집, 닭갈비집, 돼지갈비집, 삼겹살집, 포차, 해물집 기타 등등의 전단지를 돌리고 있는 아줌마와 청소년들.

네 손이 비어 있다면 전단지를 얼른 받아줘라. 손에 무거운 물건을 들고 있더라도 무조건 받아라. 전단지를 돌리는 사람들이 매수대로 돈을 받는다면 그들의 수입이 올라갈 것이고, 일당으로 받는다면 퇴근시간이 빨라질 것이다. 가능하다면 집에까지 들고 가서 버려라.

집에 들어가는 길. 전신주나 집 문 앞에 덕지덕지 붙어 있는 치킨집, 피자집, 슈퍼마켓, 화장품 세일, 빌라 매매 등등의 전단지에 찍힌 전화번호 하나 정도는 외워둬라. 외우지 못할 정도로 머리가 나쁘면 한 장 떼어서 집에 가지고 들어가라. 그리고 전화를 해서 치킨이나 피자를 주문해라. 주문하면서 반드시 전신주나 집 앞에 붙어 있는 전단지를 보고 전화한다고 말해라. 주인의 얼굴에 웃음꽃이 활짝 필 것이다. 전단지의 효과를 보았기 때문이다. 전단지를 붙인 알바의 입이 벌어질 것이다. 알바비를 받으면서 미안하지 않아도 되기 때문이다. 치킨이나 피자가 배달되면, 목젖이 아리도록 시원한 맥주를 들이켜라. 집안에 웃음꽃이 활짝 필 것이다. 싼값에 외식을 대신하며 즐길 수 있기 때문이다.

청소년의 알바 천국?
패스트푸드점 알바

여기는

지상 천국 알바?

평균 약 4만 원 정도의 용돈을 받
는 중땡과 평균 약 8만 원의 용돈을 쓰는 고땡에게 패스트푸드 알바
는 천국이다. 다른 알바에 비해 시급도 상대적으로 세고, 알바비를
못 받는 일도 거의 없기 때문이다. 하루 5시간, 한 달에 20일만 일한
다면 적어도 40여만 원이 넘는 어마어마한 돈을 벌 수 있다. 중땡 용
돈의 열 배, 고땡의 다섯 배나 되는 큰돈을 만질 수 있기 때문이다.

정의감에 불타는 인간들은 미래의 주역 청소년을 착취한다고 떠
들어대지만, 청소년들에게 패스트푸드 알바는 유토피아다. 착취는
뭔 착취! 중고땡이 받는 용돈에 비해서는 가격이 비싼 햄버거를 맘

껏 먹을 수 있기 때문이다. 먹고 돌아서면 배고프고, 원자탄도 수소폭탄도 소화시킬 수 있는 청소년이 그 맛난 여러 종류의 햄버거를 먹고 싶은 대로 먹을 수 있다니 얼마나 환상적인가!

게다가 성실함도 부족하고 지구력도 모자란 열대여섯 살 청춘에게 패스트푸드 알바는 낙원이다. 언제든지 쉬고 싶을 때 쉴 수 있기 때문이다. 패스트푸드점은 평균 30명 정도의 크루를 고용하고 있어 언제든지 쉬도록 허락해주기 때문이다. 힘들고 지겹고 단순한 반복 노동을 하지만, 친구를 만나고 싶다면 언제든지 배려해주기 때문이다.

어느 누가 쉴 때 쉬게 해주고, 먹고 싶은 햄버거 맘껏 먹게 해주고, 엄청난 용돈을 준단 말인가! 이 정도 대접을 받을 수 있다면, 패스트푸드 알바는 말 그대로 천국이지 않은가!

'맥도날드 성경'을
믿습니다

하나님도 믿을 수 없고, 예수님도 믿을 수 없다. 성당에서 가르치는 것과 교회에서 가르치는 것이 다르기 때문이다. 종파마다 성경을 제각각 다르게 해석하기 때문이다. 똑같은 성경을 보고 가르치는 목사님마다 똑같이 이야기하지 않기 때문이다. 그렇기 때문에 어느 가르침을 믿든 구원받지 못할지도 모른다.

하지만 걱정하지 말라. 맥도날드의 '성경', 5만여 개 항목이 적혀 있는 맥도날드의 매뉴얼은 믿어도 된다. 빅맥을 한국에서 드시든, 일본에서 처먹든, 파리와 뉴욕에서 처잡수든, 베이징과 모스크바에서 먹고 똥 싸든 다 똑같은 맛이다. 120여 개국 약 3만여 개의 맥도날드 레스토랑에서 처드시는 빅맥의 맛은 항상 똑같다. 언어가 달라서 그렇지 세계 어느 나라에 가서도 똑같은 말로 서비스를 받을 수 있다. 맥도날도 화장실은 세계 어디를 가든 위생 상태가 똑같아 편안한 마음으로 볼일을 볼 수 있다. 맥도날드 성경에 쓰인 그대로 요리하고, 서비스하고, 화장실을 청소하기 때문이다.

네가 맥도날드에서 알바를 한다면 바로 맥도날드 성경을 믿는 것이다. 맥도날드 성경을 믿는 것은 "우리는 맥도날드 시스템을 믿습니다(We believe in Mcdonald's System)"라고 선언하는 것이다. 그렇기 때문에 맥도날드에서 알바를 하는 순간 너는 맥도날드 성경에 따라 자신의 행동을 통제하지 않으면 안 된다.

맥도날드가 명령하는 대로 벗으라면 벗고 입으라면 입고 까라면 까야 한다. 맥도날드에서 알바를 하는 순간 너는 사라진다. 맥도날드가 시키는 대로 아무런 생각 없이 실행하는 전 세계 맥도날드 시스템의 일부가 되어야 한다. 맥도날드라는 기계의 나사가 되어 쉼 없이 패티를 굽고 감자를 튀겨야 한다. 너의 감정 따위는 중요하지 않다. 집에서 엄마랑 다투었든, 친구랑 싸웠든, 상냥하게 웃으면서 "대단히 감사합니다"라고 인사해야 하고 정확히 3초 뒤 "콜라는 어떠세요?"라는 말을 해야 한다.

빵 위에 있는
통깨의 개수는?

맥도날드 햄버거 빵 위에 있는 통깨의 개수는 정확하게 178개이다. 더 많아서도 안 되고 더 적어서도 안 된다. 동양권 맥도날드 햄버거의 지방 함유량은 19퍼센트, 양파의 무게는 7.087381그램이고, 빵의 무게는 45.359그램이다. 별이유 없다. 콜라를 따르는 양도, 커피를 내리는 양도, 매장 청소도, 화장실 청소도 세계 어디나 다 똑같다. 한국에서 일하든, 어디에서 일하든 맥도날드에서 일하는 알바라면 다 똑같은 일을 한다. 그것도 한 치의 오차 없이 기계적으로 일을 해야 한다.

맥도날드 알바는 맥도날드 전체 공정의 그 기나긴 마지막 여정을 마무리하는 것이다. 옥수수를 키우고, 그 옥수수로 소를 키우고, 그 소를 도살장에서 도축하고, 도축한 고기를 공장에서 패티로 만든다. 그 패티가 배에 실려 한국에 오고, 창고를 거쳐 지금 네가 일하는 맥도날드 매장에 도착한다. 너는 그 패티를 기름에 튀기고, 주문을 받고 손님에게 건네는 것이다.

네가 맥도날드 성경의 지침대로 햄버거를 만들어 판매하지 않는다면, 그 기나긴 여정의 마무리를 망치는 것이다. 아니 맥도날드 전체 흐름을 망치는 것이다. 연간 광고비를 16억 달러나 사용하는 맥도날드 시스템 사령관은 하찮은 알바인 네가 일을 망치는 걸 원하지 않는다. '햄버거힐 전투'의 승자, 맥 사령관은 가능하면 단순하고 더 단순하게, 심지어 원숭이라도 할 수 있을 정도로 일을 단순하게 만든다. 실제로 네가 그 일을 하지 못한다면, 맥 사령관은 네가 원숭이

만도 못한 인간이라고 생각할 것이다.

허걱,
왜 이렇게 힘들어

맥 사령관은 알바인 네가 단순하길 바란다. 맥 사령관은 네가 일을 하면서 생각하길 원하지 않는다. 기계의 톱니바퀴처럼 한 치 오차도 없이 착착 돌아가길 원한다. 톱니바퀴인 네가 망가져도 상관없다. 왜? 언제든지 새로운 알바가 그 자리를 채우기 때문이다. 네가 쉰다고 말을 하면 언제든 빠져도 된다. 너무 단순한 일이라 어떤 톱니바퀴를 끼워도 돌아가기 때문이다.

맥도날드의 일은 청소년이 감당하기에는 상당히 힘들다. 끝없이 반복되는 단순 반복 작업이기 때문이다. 그렇기 때문에 상대적으로 알바비를 많이 주는 것이다. 맥 사령관은 알바가 5시간 노동을 한다면 숨 쉬는 것 빼고는 일에 몰두하길 원한다. 그렇기 때문에 네가 일하는 5시간은 일반적인 직장인이 하루 10시간 일하는 것보다 힘들다. 너는 그 격무를 견뎌낼 수 있고, 다음날 건강하게 또 그 일을 할 수 있을 것이다. 그것은 네가 무척 어리고 아주 건강하기 때문이다.

중땅, 고떵이여! 절대 잊지 마라. 네 노동의 혹독함에 비하면 네가 받은 알바비가 터무니없이 싸다는 것을, 맥도날드가 돈을 버는 것은 너의 값싼 알바비 때문이라는 것을, 스무 살만 넘으면 패스트푸트 알바는 아주 값싼 싸구려라는 것을! 넌 외칠 것이다. 저질이야, 저질!

페스트푸드(pestfood)

친애하는 맥 사령관 가라사대 햄버거는 만든 지 10분, 감자튀김은 만든 지 7분이 지나면 버리라고 했다. 단, 알바의 입에 버리면 일거양득이라고 말씀하셨다. 그래서 맥도날드에서 일을 하는 중땡, 고땡, 대땡 기타 모든 알바는 원하기만 한다면 햄버거를 실컷 먹을 수 있다. 숨 쉴 틈 없이 일하다 짬을 내서 허기진 배를 채우는 햄버거는 가나안에 흐르는 젖과 꿀보다 맛있을 것이다.

공짜 햄버거를 원 없이 먹는 패스트푸드 알바여! 맥 사령관은 절대 공짜가 없다는 것을 잊지 마라. 네가 공짜 햄버거를 열심히 먹으면 먹을수록 너는 맥도날드 햄버거에 입맛이 길들여진다. 매장당 30명이 넘는 알바들이 평균 석 달에 한 번 물갈이가 되고, 그들이 하루에 두어 개의 햄버거를 먹는다고 가정해 보자. 300개 정도의 매장을 가진 맥도날드는 일 년에 3만 6,000명의 잠재적 맹신도를 만드는 것이다. 햄버거를 파는 롯데리아와 버거킹 등의 매장 수에도 이를 적용해 보라. 한해 10여만 명 정도의 햄버거 맹신도가 만들어질 것이다.

햄버거 맹신도는 성인이 되어서도 아주 힘들고 지치면 햄버거를 먹어야 힘이 날 것이다. 술을 많이 먹고 난 다음날 햄버거에 콜라를 마셔야 숙취가 가실 것이며, 여성은 애를 낳고 콜라에 햄버거를 먹어야만 산후조리가 될 것이다. 남녀 모두 섹스하기 전 햄버거를 먹지 않는다면 발기가 되지 않을 것이고 오르가즘을 느끼지 못할 것이다. 섹스를 하고 난 뒤에 햄버거를 먹지 않는다면 섹스를 한 것 같지 않을 것이다. 그리고 그들이 낳은 아이들은 태어날 때 "으앙" 하는

울음소리 대신 "믹, 맥, 멕, 맥, 멕······"거리며 태어날 것이다. 그들은 햄버거를 모태 신앙으로 여길 것이다.

공짜라고 절대 무조건 많이 먹지 마라. 목이 마르다고, 사이다와 콜라를 맘껏 마실 수 있다고 해서 절대 많이 마시지 마라. 패스트푸드(fastfood)와 청량음료는 페스트푸드(pestfood)이기 때문이다. 패스트푸드(fastfood)와 청량음료는 유럽 인구의 삼분의 일을 죽음으로 몰고 갔던 페스트와 다르지 않다. 햄버거와 청량음료는 비만+당뇨+합병증으로 "사는 게 사는 게 아니야"라고 한탄하게 만들 것이기 때문이다.

알바를 하는 동안 하루에 한두 개씩 햄버거를 먹고, 목이 마를 때마다 청량음료를 마신다고 생각해보라. 한 달! 얼굴이 뽀얘지고 몸무게가 2~3킬로그램 늘 것이다. 두 달! 몸에 약간의 볼륨이 잡히면서 몸무게가 4~5킬로그램 늘 것이다. 석 달! 살이 조금 처지면서 몸무게가 5~7킬로그램 늘 것이다. 일 년! 푸석한 얼굴, 축 처진 엉덩이에 최소한 10킬로그램은 늘어나 있을 것이다. 특히 나이가 많을수록 그 정도는 더 심해질 것이다.

이제 네가 알바로 번 돈만큼, 또는 그보다 더 많은 돈을 써야 할 차례이다. 몸에 맞지 않는 옷에 울상을 지으며 옷을 모두 다시 사야 할 것이다. 일 년 전으로 몸을 되돌리기 위해 피트니스를 해야 할 것이다. 게다가 망가진 네 얼굴과 몸매를 보면서 한숨을 쉬는 시간이 길어질 것이다. 결국 화가 나서 다시 햄버거를 먹고 살이 더 찔 것이다. 이것이 바로 요요현상에 버금가는 '맥맥현상'이다.

굽시니스트가 되기 위한
훈련?

패스트푸드 알바의 세계는 계급의 세계이다. 군대보다 더 강력한 계급 사회이다. 초짜 알바부터 그 세계에서 잔뼈가 굵은 알바까지 서열이 아주 분명하다. 그 이유는 빠른 작업 속도 때문이다. 작업이 단순하고 반복적일수록, 속도가 빠를수록 알바들이 딴 생각을 하면 안 된다. 오로지 일하는 내내 일에만 집중해야 한다. 그래야만 손님이 원하는 햄버거를 패스트, 패스트하게 내줄 수 있기 때문이다. 이 작업이 원활하게 돌아가도록 만들기 위해서 필요한 것이 규율이다.

맥 사령관은 노동의 규율, 바로 그것을 자연스럽게 강요한다. 초짜는 설거지부터 시작하여 주방 보조 잡일을 거쳐 햄버거와 감자 튀기는 일을 배운다. 그리고 네가 남자라면, 정말 근사한 외모에 일을 잘한다면 카운터에서 주문을 받을 것이다. 생각해보라! 이 일들 중에 그리 어렵고 힘든 일이 있는가? 패티를 굽고 프라이를 튀기는 것도 그저 시키는 대로 하면 되는데 어렵고 힘들 일이 무엇이 있는가? 세계 어느 나라 사람이 만들어도 똑같은 맛을 내는 그 음식 만들기가 어려울 게 뭐란 말인가? 초땡이라도 할 수 있지 않겠는가?

하지만 맥 사령관은 알바의 나이가 많든 적든, 많이 배웠든 적게 배웠든 순서대로 일을 배우게 한다. 그러면서 자연스럽게 알바 내 위계를 만들고, 알바가 알바를 억압하는 군대보다 더한 계급 사회를 만든다.

네가 패스트푸드 알바를 한다면, 그것은 곧 서열과 위계를 학습하는 것과 마찬가지이다. 원숭이도 할 수 있는 일을 단계에 따라 배워야 한다. 네가 남자라면 최고의 지위인 카운터를 볼 때까지 더럽고 치사한 일을 견뎌내고 참아야 한다. 그러면서 너는 길들여진다. 너보다 조금 먼저 들어온 사람, 너보다 조금 서열이 높은 사람 앞에 굽시니스트가 되어 굽실굽실거리게 된다.

한 달이라도 먼저 들어온 크루는 늦게 들어온 크루에게 텃세를 부린다. 처음 배워 손에 익지 않아 조금이라도 어설프게 일을 하면 짜증을 낸다. 네가 나이가 많다면, "나이는 똥구멍으로 먹었냐?"라는 소리를 들을 것이고, 학력이 더 높다면 "대학은 뒷구멍으로 들어갔냐?"라는 빈정거림을 당할 것이다. 네가 자존심이 강하고 상처받기 쉬운 사람이라면 얼마 견뎌내지 못하리라. 네가 대학생이거나 휴학생이라면, 네 위의 크루가 고딩이거나 너보다 나이가 적다면 아마 사흘을 견뎌내지 못하리라. ABHB 작열, 폭발!

재수 없게도 인간은 원숭이가 아니라 인간이다

그 더러운 꼴을 다 보고 패스트푸드 알바 중 최고의 자리인 시급 매니저가 된다 해도 별 볼일 없다. 시급도 별 볼일 없고, 사회에 나와 써먹을 수 있는 기술을 하나도 배우지 못하기 때문이다. 패스트푸드 알바를 3년 내내 한다고 해도 처음부터 끝까지 네 손으로 햄버거를 만들어 팔 수 있는 수제 햄버거 가게를 낼 수 없기 때문이다. 네가 알고 있는 햄버거 지식이란 패스트푸드 체인점을 떠나서는 아무런 쓸모도 없는 거나 마찬가지이기 때문이다.

생각을 하면서 살고 싶다면 패스트푸드 알바 업계를 떠나라. 하지만 돈이 정말 절실하게 필요하다면 일을 하면서도 생각하고 살아라. 사람은 걸을 때 왼발을 내밀까 오른발을 내밀까 생각하지 않는다. 오히려 이런 생각을 하고 걸으면 사고가 일어나기 십상이다. 패스트푸드 알바도 마찬가지다. 얼마나 단순 반복 작업이면, 원숭이도 훈련시키면 일을 할 수 있다고 생각하겠는가.

패스트푸드는 자동차를 만드는 컨베이어 시스템을 음식 상품에 옮긴 것이다. 그렇기 때문에 일 하나하나가 아주 단순하다. 모든 것을 신호에 따라 하면 될 뿐이다. 패스트푸드 알바 일에 신체 동작이 익숙해지면 일하는 중에도 무조건 생각을 해. 엄마랑 싸웠다면 화해할 방법을 생각하고, 수학 문제 풀던 것을 다시 생각하고, 친구랑 만나서 어떻게 놀까 생각해라. 그래야 맥 사령관이 관리하고 통치하는 기계 세계의 부품이 되지 않는다. 그래야 인간이기를 포기하지 않는 것이다.

한 번 굽시니스트는 영원한 굽시니스트이다. 명령에 따라 살고 명령에 따라 죽는 노예는 영원한 노예이다. 주인으로 세상을 살고자 한다면, 생각하는 인간으로 살고 싶다면 정말 단 한번이라도 패스트푸드 알바 자리를 기웃거려서는 안 된다. 알바를 한다 해도 반드시 생각을 하면서 해라.

똥꾸빵꾸
주유소 알바

똥꾸에
집어넣고

　　　　　　　　　　손으로 부드럽게 만져준다. 엉덩이 근처 구멍에 손을 대고 살살 돌려준다. 작은 신음 소리와 함께 구멍이 열린다. 생각날 때마다 만지작거리며 언제 한 번 기가 막히게 써먹을 수 있을까 고민했던 총을 꺼내든다. 구멍이 다치지 않도록 살며시 집어넣는다. 힘을 주었다 뺐다 하며 완급을 조절한다. 눈치를 봐가며 조금씩 싼다. 조금 모자라면 더 싸고, 넘칠 것 같으면 얼른 끊는다. 얼마나 시간이 지났을까? 마지막 정열을 불태우듯 남은 액체를 다 쏟아버린다. 절정에 이르렀는지 눈을 마주치고, 다시 마지막 한 방울까지 탈탈 털어낸다.

오르가즘에 도달했는지 확인해라. 그러면 구멍의 주인은 가벼운 한숨을 쉰다. 아마 돈 때문이리라! 구멍을 살며시 닫자 다시 가벼운 한숨이 나온다. 총을 만지작거리면서 다시 곧 사용할 것이란 기대를 품고 제자리로 돌려놓는다. 구멍 주인이 닦을 수 있도록 휴지를 주고, 구멍 주인의 갈증이 가시도록 생수를 준다. 부족하다고 휴지를 더 달라고 하면 눈치를 봐가며 하나 더 준다.

이제 물로 향해 간다. 샤워기로 물을 뿌리고 거품이 나도록 살살 문질러 준다. 격한 움직임 뒤에 상처가 나지 않도록 가능한 한 살살 문질러 준다. 말끔히 문질러주고 핥아준다. 힘이 덜 들면서 최대 쾌락을 유지하는 것이 애무의 기본 원칙! 특히 격렬한 삽입 뒤에 가벼운 애무는 말초적 쾌락을 극대화하는 가장 좋은 방법! 그리고 살살 바람을 불어주고, 쏴아아 하는 강한 바람을 불어주며 몸이 마르기를 기다린다.

마지막으로 바람난 유부녀 유부남 마냥 다음에 만날 것을 약속한다. 그리고 뒤도 돌아보지 않고 떠난다. 오르가즘의 흥분 뒤에 허무만 남듯이 손에는 젖은 수건만 남는다. 그리고…… 또 다른 구멍이 열리길 기다린다. 기름을 내뿜어 껄떡거리는 총을 다시 만지작거린다.

구멍
전쟁

주유소 알바는 구멍과의 전쟁이

다. 주유소 알바는 별로 어려운 일이 없다. 작은 구멍에는 작은 총(주유기)을 넣어야 하고, 큰 구멍에는 큰 총을 넣어주기만 하면 된다. 작은 구멍 차는 휘발유로 움직이고, 큰 구멍 차는 경유로 움직인다.

작은 구멍에 절대 큰 총을 넣으면 안 되고, 큰 구멍에 절대 작은 총을 넣으면 안 된다. 작은 구멍에 큰 총을 넣을 일은 없다. 절대 들어가지 않기 때문이다. 하지만 큰 구멍에는 작은 총이 들어갈 수 있기 때문에 혼유 사고를 일으키기 십상이다.

주유소 알바라면, 절대 혼유 사고를 내서는 안 된다. 혼유를 하고 운전자가 시동을 거는 순간, 네가 1월 차가운 바람과 8월의 뜨거운 땡볕을 견디면서 석 달, 넉 달 동안 번 알바비가 한순간에 날아갈 수 있다. 절대 혼유하지 마라.

알바를 하기 전, 주유소가 혼유 보험에 들었는지 확인하는 것이 중요하다. 보험에 들어 있어야 혼유 사고가 나도 네가 지불해야 할 돈이 줄어들기 때문이다. 혼유 보험에 들지 않았다면 절대 그 주유소에서 알바하지 마라. 양심적인 주유소 사장이라면, 직영점이라면 혼유 보험을 들었을 것이다. 보험료가 그리 비싸지 않기 때문이다.

혼유 보험에 든 주유소라면, 혼유는 너의 무기가 될 수 있다. 주유소 사장이 너의 알바비를 주지 않는다면, 네가 어리다는 이유로 뺨을 때리거나 구타를 한다면, 게다가 네가 어린 여자아이라는 이유로 엉덩이를 주무른다면 혼유로 한방 날려줘라. 주유소 사장이나 관리자에게 들릴 듯 말 듯 언젠가 혼유 사고를 낼 것이라고 자주 암시를 주어라. 폐차 직전의 낡은 차가 들어올 때 네가 먼저 달려가라. 그리고 작은 구멍 차라면 큰 총이 있는 곳으로 인도를 하고, 큰 구멍 차라면 작은 총이 있는 곳으로 끌고 가라. 네가 몇 번만 이렇게 한다면 알바비를 챙길 수 있을 것이다.

그래도 위와 같은 문제들이 해결되지 않는다면, 비싼 외제차가 들어올 때 시동을 끄게 하고 혼유를 해버려라. 그리고 운전자에게 시동을 걸지 말라고 해라. 주유소 사장은 큰돈이 들진 않지만 식겁을 하게 될 것이다. 단, 혼유 사고가 나면 너도 어느 정도 배상을 해야 하기 때문에 생각에 생각을 거듭해야 한다. 혼유 사고를 낼 작정이라면 미리 도망갈 준비를 단단히 해놓고 실행에 옮기는 것이 좋다.

알바비를 못 받았다면, 해당 노동청에 먼저 신고하고 혼유를 감행해야 한다. 구타를 당했다면, 무조건 병원에 가서 진단서를 떼어놓아야 한다. 성희롱을 당했다면, 핸드폰 등을 이용해 반드시 녹음을 해놓아야 한다. 그래야 억울하게 당하지 않는다. 주유소에서 알바를 하며 그곳에서 잘 수밖에 없는 형편이라면, 더더욱 당하지 않도록 조심해라.

주유소 사장이나 관리자는 청소년의 기름때 묻은 알바비를 떼먹지 마라. 자식 같은 아이들을 때리지도 말고, 딸 같은 아이를 성희롱하지도 마라. 네가 술집에서 그렇게 집착하는 구멍 대신 자동차 구멍으로 한방 크게 당하는 수가 있다.

빵꾸는?

주유소는 펑! 퍼펑! 빵꾸 사고가 많이 난다. 청소년 알바가 돈을 벌고 싶어 주유소에 똥꾸질하려고 들어가면 빠빵 빵꾸! 새로운 알바만 들어가면 여기도 빵구, 저기도 빵구! 자동차 수리점도 아닌데 웬 빵꾸? 청소년 알바가 송곳을 들고 바퀴를 찔러서 나는 펑크가 아니다. 주유기 계기판에 찍힌 기름값과 정산을 하면 모자라는 기름값의 차이가 바로 빵꾸이다.

주유소 알바는 쉬운 편이다. 보수도 적지 않고 잠자리도 제공하기 때문에 오갈 곳 없는 청소년들이 몰린다. 이런 청소년들은 주유소를 통해 사회에 첫발을 내딛는다. 죽은 고기를 훔쳐 먹는 하이에나 같은 어른들은 세상 물정 모르는 그런 청소년들의 등골을 빵꾸를 통해 뽑아먹는다.(주유소 빵꾸는 세상 경험이 풍부한 어른들을 상대로 잘 일어나지 않는다. 자칫하면 주유소 사장이나 직원들이 크게 당할 수 있기 때문이다.)

주유소 알바는 빵꾸에 절대 당하면 안 된다. 특히 네가 돈을 훔치지도 않았는데, 네가 절대적으로 결백한데도 불구하고 너에게 빵꾸 난 돈을 채워 넣으라고 하면 절대 당해서는 안 된다. 절대 당하지 않는 가장 좋은 방법은 CCTV가 작동하는 곳에서만 일을 하면 된다. 그래도 빵꾸 사고가 나서 너에게 돈을 물라고 한다면 하나하나 따져 보아야 한다. 머리는 염색만 하라고 있는 것이 아니다. 이럴 때 쓰라고 있는 것이다.

우선 계기판 빵꾸의 경우이다. 예를 들어 30.07리터를 넣었다면 영수증에는 30리터만 찍힌다. 이 경우 0.07리터의 빵꾸가 생긴다. 하루 수백 대 주유를 하면, 적은 기름값이 쌓여 3~4만 원 빵꾸가 날 수도 있다. 이것을 순진한 알바 네 탓이라고 뒤집어씌운다면 무조건 그만둬라. 네가 아무리 일을 잘해도 그 빵꾸는 하루도 빠지지 않고 계속 날 것이기 때문이다. 네가 순진한 알바이기 때문에 사장이 너를 가지고 노는 것이다. 그런 사장 새끼는 칼로 찔러도 칼이 들어가지 않을 놈이 있다. 그런 놈 밑에서 절대 일하지 마라. 돈 벌러 갔다가 일만 죽어라고 하고 알바비를 한 푼도 건지지 못한다.

둘째, 사장이나 정직원들이 짜고 빵꾸를 내는 경우이다. 네가 한 푼도 빼돌리지 않았는데도 계속 빵꾸가 나고, 하루에 3만 원에서 5만 원, 심지어는 7만 원에서 10만 원씩 빵꾸가 난다고 말할 것이다. 이것은 사회 경험이 전혀 없는 순진한 알바들을 착취하기 위한 것이다. 사장은 알바비는커녕 네가 돈을 채워놓을 때까지 알바를 계속해야 한다고 으름장을 놓을 것이다. 직원들은 빵꾸난 돈을 물지 않으면 경찰에 신고할 것이라고 겁박할 것이다. 그들은 네가 한 푼도 훔치지 않았는데 마치 도둑놈이나 되는 듯이 몰아갈 것이다.

무조건 CCTV가 잘 작동하는 곳에서 일을 해라. 으름장을 놓거나 협박을 하면 CCTV에서 증거를 찾아 조목조목 반박하라. 장부 하나하나를 대조해 한 푼도 훔치지 않았음을 보여줘라. 그러면 사장이나 직원들은 사람이 하는 일이라 실수가 있는 법이라고 횡설수설 변명을 늘어놓을 것이다.

빵꾸는
빵꾸로 갚아라!

돈을 훔치지 않았어도 네가 일할 때 빵꾸가 나면 알바는 도둑놈! 사장이 착취하거나 직원이 빼돌렸는

데 알바가 그걸 찾아내면 인간적인 실수! 그것이 바로 고의적인 빵꾸의 본질이다. 이 본질을 놓치지 마라! 네가 한 푼도 손대지 않았는데 빵꾸를 메우라고 한다면, 이에는 이, 빵꾸는 빵꾸로! 주유법전 세 번째 계명이다.

빵꾸를 빵꾸로 메우는 방법은 간단한다. 주요 거래처 고객 중 마음이 맞는 사람을 골라라. 그리고 힘을 합쳐라. 간단한 조작만으로도 다달이 적지 않은 액수가 네 수중에 떨어질 것이다. 주유소는 빵꾸가 많이, 아주 많이 날 것이다. 두 사람이 입만 다문다면 절대 들킬 일이 없다. 네가 조금만 관심을 기울인다면, 적지 않게 수입을 잡을 수 있는 방법들이 아주 많을 것이다. 'Oil is Money' 때문이다.

단, 사장에게 들키지 않게 조심해라. 들켜도 항상 처음이라고 말해라. 어차피 주유소는 이직이 잦은 곳이라 추적하기 쉽지 않다. 그러니 끝까지 처음이라고 주장해라. 여친 남친에게 네가 첫사랑이라고 말하듯이 달콤하게 말하듯이! 그러다 증거가 나오면 그것까지만 했다고 해라. 사장이 미치고 팔짝 뛰면서 짜증을 내고 주먹질을 한다면, 당장 진단서를 끊어라! 그리고 법대로 하라고 해라. 어차피 증거가 없으면 처벌받지 않는다.

단, 사장이 마음씨가 좋아서 알바비를 잘 준다면, 때리지 않는다면, 게다가 아버지 같은 마음씨로 대한다면, 추운 겨울날 뜨거운 호빵이라도 간혹 사준다면 절대 고의적인 빵꾸를 내지 마라. 이것은 인간이라면, 사람이라면 절대 해서는 안 되는 일이다.

쩐다
쩔어

기름 냄새에 옷이 쩔고 몸이 쩔고
손톱 밑에 기름때가 쩔고
빨아도 빨아도 지워지지 않는
기름때에 쩐 작업복을 입어 쩔고 쩔고
한겨울 추위에 쩔고
한여름 더위에 쩐다 쩔어.

주유소 알바는 한 마디로 '쩐다 쩔어'이다. 흔히 주유소 알바는 편하다고들 하지만 더울 때는 더위와의 싸움, 추울 때는 추위와의 싸움이 장난이 아니다. 강렬한 햇볕과 열에 휘발성이 강한 기름 냄새는 네 창자를 훑고 지나갈 것이다. 특히 피할 곳 없는 뙤약볕 아래에서 차를 기다려보라. 휘발유 냄새에 취했는지 더위를 먹어서 취했는지 어질어질 정신이 하나도 없을 것이다. 추운 날 인적이 드문 곳에서 온종일 기름을 만져보라. 손은 틀 것이고 손톱 밑에 기름때가 잔뜩 낄 것이다. 부모와 다투고 집을 뛰쳐나와 주유소에서 먹고 잔다면 더욱 춥게 느껴질 것이다.

햇볕에 탄 얼굴, 손톱에 낀 때, 추위를 잊기 위해 발을 동동 구르는 네 모습을 상상해보라. 네 몸보다 훨씬 큰 옷, 빨아도 지워지지 않는 기름때로 얼룩진 작업복 차림의 너를 생각해봐라. 누구나 너를 찌질이로 볼 것이다.

하지만 외모가 너를 찌질이로 보이게 만든다고 해서 절대 찌질이는 아님을 명심하라. 돈을 벌기 위해서 알바를 하는 것에 지나지 않음을 명심하라. 너의 외모가 너를 결정하는 것은 절대 아니다.

부모 잘 만난 어린놈이 좋은 차를 몰고 주유하러 와서 너를 무시하는 말과 행동을 하는가? 절대 열 받지 마라. 그냥 씩 웃어 넘겨라. 필요한 만큼 열심히 돈을 모아라. 주유소에서 자면서 어른들과 술자리에 어울리지 마라. 그렇게 술자리를 함께 한다면 삼사 년 동안 주유소 알바를 하더라도 절대 돈을 모으지 못한다. 결국 삼사 년 뒤에 다른 주유소에서 '어성오세요 고갱님'이라 소리치는 너 자신을 발견할 것이다. 그러면 진짜 구제불능의 찌질에 쩌는 인생이 될 것이다.

외상
절대 금지!!

주유소 알바를 진짜 힘들게 하는 진상 중의 진상이 있다. 고급 승용차를 몰고 다니면서 외상으로 주유하는 연놈들이다. 비싼 차를 몰고 다니면서 설마 칠팔 만 원 주유비 안 낼까 안심하지 마라. 돈 많은 놈들일수록 10원짜리 하나 아까워 못 쓰는 놈년들 많다.

돈 많은 부자들은 칠팔 만 원이 많은 돈이어서가 아니라 잊어버리기 십상이다. 주유소 사장은 적은 돈이라 언제든지 받을 수 있다고 걱정하지 않는다. 알바는 비싼 차에 현혹되고, 주유소 사장이 걱정하지 않는다는 사실에 안심이 되어 외상을 주기도 한다. 하지만 절대 외상 주지 마라. 특히 주민등록증이나 망가진 핸드폰 맡기면서 외상을 하자고 하면 인당수에 몸을 던진 심청이처럼 온몸을 던져 차 못 가게 막아라. 그런 연놈들은 상습범들이다. 주유소마다 돌아다니면서 외상으로 주유하고, 주유소 알바가 바뀌면 귀신같이 찾아가 또 외상으로 주유하는 연놈들이다.

주유비 외상으로 주지 마라. 네가 열심히 일한 며칠 치 알바비가 다 날아간다. 그런 일이 잦을수록 비싼 차 주인은 착한 아이라고 칭찬할지 모른다. 하지만 네 주머니는 점점 텅 빌 것이고, 네 통장엔 빵(0)만, 마음에는 큰 구멍만 남을 것이다.

이 글을 읽고 분개하고 있다면, 너는 주유소 알바를 등치는 진상 손님이 아니라 진-상(진짜 상냥한) 사람일 것이다. 오늘 만약 주유하러 간다면 알바를 하는 청소년들에게 '추운데 고생이 많다'라고 따뜻한 말 한마디 건네라. 차 안에 귤이나 사과, 과자가 있다면 나눠 먹어라. 주유소 알바는 무척 고마워할 것이다. 그러면 너에게 휴지 하나 더, 생수라도 하나 더 선물로 건넬 것이다.

삼각 김밥에 우유 하나
고깃집 알바

텅 빈 배때기를
움켜쥐며

고깃집 알바에게 가장 힘든 것은 허기진 배를 움켜쥐고 일을 할 때다. 코에 살살 스며드는 고기 굽는 냄새는 너를 미치게 할 것이다. 치이익~ 소리를 내며 양념 갈비가 익는 냄새는 굶주린 너의 창자를 마구 후벼 팔 것이다. 불판 위에서 지글지글 소리를 내며 익고 있는 삼겹살 냄새는 너의 머릿속을 텅 비게 만들 것이다. 손님들이 저녁을 먹으며 소주 한잔 곁들이는 7시에서 8시 사이에 더욱 그럴 것이다. 더군다나 십대 후반이나 이십대 자녀와 함께 가족끼리 화목하게 외식을 하고 있는 손님이 있다면 눈물이 핑 돌며 텅 빈 배때기가 너를 더욱 힘들게 할 것이다.

고깃집 주인이 가게의 고기로 너의 텅 빈 배때기를 채워주지 않는다면, 냄새라도 실컷 맡아라. 단, 손님들 앞에서 노골적으로 코를 벌름벌름거리며 맡는 것이 좋다. 간혹 손님들이 고기를 먹고 있을 때 침도 꿀꺽꿀꺽 삼켜라. 그것도 큰 소리가 나게 삼켜라. 고깃집에서 일하는 네가 굶주리며 일한다는 사실을 손님들에게 상기시켜라. 그래야 손님들은 고기 맛이 뚝 떨어질 것이다. 손님들은 "이 집 주인은 알바들에게 먹을 것도 주지 않나봐?" 하고 속삭일 것이다.

삼각 김밥 하나와 우유 200밀리리터로 하루를 살아가는 청년이라면, 손님이 고기 먹는 모습을 넋 놓고 쳐다보아도 좋다. 손님들 앞에서 이런 모습을 보이면 보일수록 좋다. 그래야 고깃집 주인의 쫀쫀한 인색함이 손님들에게 드러날 것이기 때문이다.

알바비를
못줄 주인은 없다!

고깃집 주인이 가난하거나 장사가 안 되어서 햄버거 세트 한 개 값도 안 되는 적은 시급을 받지 못하게 될까봐 걱정하지 마라. 알바를 고용할 수 있는 여력을 가진 주인만이 알바를 고용하기 때문이다. 알바를 고용할 수 없을 정도로 가난하거나 장사가 안 되는 사람은 알바를 절대 고용하지 않기 때문이다. 가여운 생계형 고깃집은 큰 자본을 투자한 프랜차이즈점에 치여 근근이 가게를 유지할 뿐이다. 그나마 문 닫지 않는 걸 다행이라고 생각하고 부부 둘이서 열심히 일을 하는 곳이다.

네가 고깃집에서 알바를 하고 있다면 시급이나 봉급은 반드시, 어떤 경우에도 받아야 한다. 주인은 흔히 "장사가 안 된다"거나 "갑자기 큰돈 쓸 일이 생겼다"며 알바비 지급을 미루곤 한다. 그러면 장사가 잘되어 새로운 가게를 열거나, 미루어 두었던 새 차를 뽑으려 한다고 생각해도 좋다. 네가 급여를 받지 못하는 동안, 주인은 무심코 다른 곳에 새 가게를 열었다고 자랑할 것이다. 네가 시급을 받지도 못하고 일만 죽어라 하고 있는 어느 날 새로 뽑은 멋진 차를 가게 앞에 주차시킬 것이다. 특히 사장님과 바람을 피우는 듯한 서빙 아줌마의 옷차림이 달라지고, 사장님을 바라보는 그 아줌마의 눈빛이 몽롱해진다면 돈이 없는 것은 결코 아니다. 주인의 연기력에 절대 속지마라!

네가 돈을 못 받을수록 사장에 대한 너의 인간적인 실망과 분노는 커질 것이다. 따라서 시급이나 급여를 받는 날이 되면 반드시 받아내야 한다. 그래야 정신 건강에도 좋고, 주인이자 사장에게 인간적인 실망도 하지 않을 것이다.

**건전한 시민으로
사는 법**

고깃집에서 화로를 정리하거나 숯불을 다루다 크게 데는 경우가 있을 것이다. 드물기는 하지만 락스를 너무 많이 사용해서 손에 피부병이 생길 수도 있을 것이다. 그러면 무조건 병원에 가서 진단서를 끊고 사장에게 보상을 요구해라.

보상하지 않는다면 노동부에 신고를 해도 좋다. 물론 노동부는 고용주의 편이라 네 편이 되어주지 않을 것이다.

보상을 못 받는다면 더 좋은 방법이 있다. 고깃집을 그만두면서 구청 식품안전과에 주변에 사는 주민이라고 익명으로 신고를 해라. "너무 비위생적이다" "고기 굽는 냄새 때문에 못 살겠다" "숯에서 나오는 일산화탄소 때문에 머리가 아프다"라고 말만 하면 된다. 두세 달이 지나지 않아 문이 닫힌 고깃집을 보게 될 것이다. 혹시 신고한 것 들통 나지 않을까 걱정하지 마라. 어떤 경우에도 신고한 사람의 개인 정보를 알려주지 않기 때문이다.

너 때문에 고깃집이 문을 닫았다고 양심의 가책을 받아서도 안 된다. 너는 해야 할 일을 했을 뿐이다. 자본주의 세상에서 네 몸이 상한다는 건, 돈을 벌 수 있는 기회가 사라진다는 것을 뜻한다. 어떤 경우든 네 몸은 네가 보호해야 한다. 너의 투철한 신고 정신 때문에 환경이 조금 더 나아졌다는 사실을 기뻐해라. 너의 행동으로 그만큼 락스를 덜 사용하기 때문이다. 일산화탄소를 내뿜는 숯이나 번개탄을 그만큼 덜 사용하기 때문이다. 뿐만 아니라 너의 행동으로 인해 자본주의 사회가 조금이라도 바뀐다는 사실에 기뻐해라. 신고를 당한 그 주인은 다음부터 반드시 종업원이 다치면 보상해야 한다는 것을 배우게 될 것이다.

야 너 죽고 싶어
환장했냐!!

고깃집 서빙 알바에게 제일 힘든
것은 진상 손님들이다. 진상들은 한마디로 적은 돈을 내고 더 많은
서비스를 요구하는 사람들이다. 그들은 술과 음식을 넘어서는 서비
스를 요구한다. 진상들은 적은 돈으로 고기와 술을 배 터지게 먹고
난 후, 슬며시 손을 잡거나 허벅지를 만지려 든다. 진상들은 사람의
허벅지가 돼지의 앞다리 살이나 되는 줄 아는 놈들이다. 하지만 알
바는 성희롱으로 고발할 수가 없다. 증거가 없기 때문이다.

그럴 때 알바는 그 사람만 들리게 귀에 입을 대고 조용히 "야 이
십센티야! 너 죽고 싶어 환장했냐!"라고 말해주어도 좋다. 진상들은
자기가 한 짓이 있기 때문에 절대 아무 말도 못한다. 그리고 고기를
더 주문하면 고기에 침을 적당히 뱉어주어라. 심하다 싶으면 비계가
있는 부분에 가래침을 뱉어 문질러 주어도 좋다. 서빙 알바에게 한
방 먹은 진상들은 주변 사람들에게 고기가 맛있다고 유별나게 너스
레를 떨 것이다.

진상들을 피할 수 있다면 피하는 것이 좋다. 하지만 살기 위해 시
간당 4,000원 벌이를 할 수밖에 없다면, 진상에게 당하고 난 후 소
주 한 잔 몰래 마셔라. 그리고 사정없이 "십센티, 개나리 죽고 싶어
지랄이야!" 실컷 욕을 해라. 그래야 정신 건강에 좋다.

손님들 중에 좋은 손님들도 많다. 가족과 함께 정겨운 식사를 나
누고 있다면, 아이들이 밝고 해맑게 웃고 있다면, 그리고 네 서빙에
진심으로 고마워한다면 주인 몰래 사이다나 콜라를 가져다주어도

좋다. 주인이 뭐라고 하면 네 알바비에서 까도 좋다. 주인이 알바비에서 음료수 값을 깐다면, 고기를 슬쩍 빼내 그 손님들에게 더 가져다주어라. 알바가 서비스로 주는 사이다와 콜라 한 병이 더 많은 손님을 불러온다는 것을 모르는 주인은 그런 손해를 봐도 싸다.

자유와 저항의 전사
배달 알바

자연이 적이다

배달 알바에게 가장 힘든 적은 자연이다.

배달 알바는 비도 싫고, 눈도 싫고, 추워도 싫고 더워도 싫다.

배달 알바는 비가 오면 비가 와서 싫다.

비가 내리면 몸이 젖고,

몸이 젖으면 집 나간 엄마의 따뜻함 품이 그리워진다.

헐, 그래서 내리는 비가 눈물과 섞이면 눈물을 너무 흘리는 것 같아

비가 겁나 싫고 더럽게 싫다.

배달 알바는 눈이 오면 눈이 와서 싫다.

흰 눈이 온 세상을 하얗게 덮을 때,

오토바이 타다 비틀거리며 넘어져 봐라.

만날 술 취해 비틀거리다 넘어져 버둥대는

꼰대를 닮은 것 같아 졸라 싫고, 더럽게 싫다.

배달 알바는 날이 추우면 추워서 싫다.

좆나 추운 날 한 손으로 핸들 잡고

다른 손으로 철가방 잡아 봐라.

철가방 냉기가 손에 착 달라붙어 떨어지지 않고

맵디매운 바람이 옷 속으로 스며든다.

세발, 내복 입고 오토바이 타면 좆나 쪽팔리는데,

추우면 정말 지랄이다.

배달 알바는 날씨가 더우면 더워서 싫다.

아스팔트에서 뜨거운 김은 풀풀 올라오고,

대가리에 스팀 팍팍 받는다.

그래도 화이버 벗으면 안 된다.

졸라 재수 없으면 일당 다 내고도 모자라는 딱지 때문이다.

배달의 천적 짭새는 꼭 없는 배달만 잡고 OTL ㅠㅠㅠ.

에쿠스가 위반하면 눈감아주고,

비싼 외제차가 위반을 하면 못 본 척 한다.

십센티들! 짭새들!

칼치기는
곡예가 아니다

배달 알바는 애어른이다. 다달이 꼬박 꼬박 제법 큰돈을 벌기 때문에 애가 아니다. 돈이 있어도 민쯩이 없어 담배도 못 사고 술집에서 쫓겨나기 때문에 어른도 아니다. 번 돈으로 먹고 싶은 것, 사고 싶은 물건 마음껏 사기 때문에 애이고, 마음이 조금만 착하면 집안의 생계까지도 책임지기 때문에 어른이다.

배달 알바는 아이이기는 하지만 자유롭다. 왜? 돈을 벌기 때문이다. 인간의 자유는 돈에서 나온다. 아무리 자유를 외쳐봐라. 돈이 없으면 먹고 싶은 것 못 사먹고, 가고 싶은 곳 가지 못하고, 여친이랑 자고 싶어도 못 잔다. 돈이 없으면 아무런 자유도 누릴 수 없다.

배달 알바는 월 150만 원 정도는 거뜬히 벌고, 버는 만큼 자유를 누린다. 따지고 보면 배달 알바는 매일 싸움이 끊이지 않는 집에서 하기 싫은 공부 집어치우고 뛰쳐나온 진정한 자유인들이다. 범생이 새끼들 고등학교를 거쳐 대학 졸업하고 10년 뒤부터나 벌 돈을 미리 벌기 시작하는 진정한 생활인들이다.

배달 알바는 아이이기는 하지만 정열 그 자체다. 왜? 마후라를 떼고 '빠바방~' 하고 달리기 때문이다. 오토바이 시동을 걸고 부릉부릉 소리가 나면 덩달아 심장이 뛴다. 오토바이 진동과 내 심장의 떨림이 맞아떨어지면 온몸의 세포가 부글거린다. 그러면 달리지 않고는 못 배긴다. 마치 말을 타고 달리듯 오토바이를 타고 골목골목을 누비면 온 세상이 모두 내 것이다. 범생이 새끼들 영어 한 단어에 오줌 지리고 수학 한 문제에 벌벌 떨 때, 배달 알바는 인생을 향해 달리고 달리고 달리는 진정한 모험인들이다.

배달 알바의 기본은 칼치기다. 배달 알바는 도로 위에서 차와 차 사이를 마치 서커스 하듯 달린다. 그러면 택시 운전사는 꼭 "저 새끼 저러다 죽지!" 하며 끌끌 혀를 차고, 버스 운전사는 "야 이 새끼야, 너 죽고 싶어 환장했어?" 고래고래 고함을 친다.

그렇지만 배달 알바의 생명은 스피드다. 퉁퉁 불지 않은 자장면! 좔좔 기름기 흐르는 치킨!! 모락모락 김이 오르는 따뜻한 피자!!! 이 모두가 최고의 칼치기 레이서들이 스피드를 올려 이뤄낸 결과물인 것이다.

배달 알바는 칼치기를 하지 않으면 안 된다. 그래야 왕과 같은 알량한 고객님이 극대 만족하고, 배달 알바는 건당 400원을 더 벌 수 있기 때문이다. 배달 알바는 한 건당 죽을 사자, 死백 원에 목숨을 걸고 스피드와 칼치기를 즐기는 서러운 속도광 레이서들이다.

배달 알바는 수명이 짧다. 스무 살이면 그만두기 싫어도 대학을 가지 않는 이상 군대에 가야 한다. 제대하고 나면 배달 업계에 들어설 수 없다. 애들 보기 쪽팔려서 배달 알바를 할 수 없다. 조로한다는 사실을 분명히 명심하고 어려서부터 살아갈 길을 찾아라. 돈 번다고 신나게 맘껏 다 쓰지 말고 조금이라도 내일을 위해 저축해둬라.

산에
재해 났냐?

배달 알바는 속도가 생명이다. 속도는 자본주의의 꽃이다. 자본주의는 뭐든지 빠르게 만들어야 한다. 자본주의는 어디든지 더 빠르게 가야하고, 무엇이든지 더욱 더 빨리 빨리 배달해야 한다. 누구나 빠른 것을 좋아하기 때문이다.

기업은 배달 알바들의 속도를 좋아한다. 기업은 패스트푸드를 만들어 집 안까지 가능한 빠르게 배달하고자 한다. 배달이 빠르면 빠를수록 닭은 물론이고 피자에 들어가는 치즈나 짜장면에 들어가는 밀가루가 빨리 소비되고, 기업은 빠른 시간에 더 많은 돈을 벌 수 있기 때문이다.

가게 쥔들도 청소년들을 좋아한다. 성인들에 비해 청소년에게 주는 알바비가 적기 때문이다. 특히 겁 없이 속도를 내고 달리는 그들의 칼치기를 좋아한다. 치사하게 가게 쥔들은 건당 400원을 미끼로 아이들에게 목숨을 건 속도를 내라고 요구한다.

청소년들도 오토바이의 속도를 즐길 수 있는 배달 알바를 좋아한다. 오토바이의 떨림과 얼굴에 스치는 바람도 좋고, 상대적으로 다른 어떤 알바보다 짧은 시간에 많은 돈을 벌 수 있기 때문이다.

배달 알바는 1분 1초를 다투는 속도 전쟁이다. 배달 알바는 기업에서 가게를 거쳐 집까지 음식을 배달하는 자본주의 모세혈관이며, 오토바이는 온몸에 피를 나르는 적혈구이다. 하지만 오토바이는 사고가 났다 하면 중상 아니면 사망이다. 그래서 산재가 꼭 필요하다. 산재에 들어놓으면 사고가 났을 때 치료비 걱정 안 해도 되고, 다쳐서 일 못하는 동안 월급의 70퍼센트를 받을 수 있다.

배달 알바는 어떤 경우든 산재보험을 요구해야 한다. 가게 쥔 십센티들은 자기 자식보다 어린 아이들의 등골을 뽑아 먹으면서도 "산재 좀…….." 하면 "산재? 산에 재해 났냐? 산사태라도 났어?" 하는 식으로 딴청을 피운다. 십센티들! 지 자식 실비보험은 들어도 목숨 걸고 달리는 알바에게는 한 달 만 오천 원 지출을 아까워한다.

그런 십센티들은 별로 존중하지 않아도 된다. 이런 쥔 새끼들은 배달 알바의 명예를 걸고 매운 맛을 보여줘야 한다. 찌라시 돌리라고 하면 뭉텅이째 그냥 내버려라. 얼마 가지 않아 매상 팍팍 줄어들거다. 그릇 거둬갈 때 몇 개쯤은 일부러 회수하지 마라. 한 달만 지나

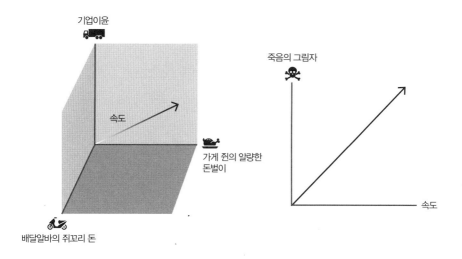

• 좆나 이상한 그래프. 배달 알바가 목숨을 걸고 달리면, 기업의 이윤도 늘고 가게 쥔의 알량한 돈벌이도 늘고, 배달 알바도 버는 돈이 많아진다. 배달 알바는 속도가 빠를수록 어느 누구도 손해를 보지 않기 때문에 더 빠르게 달린다. 하지만 배달 알바는 빠르게 달릴수록 죽음의 그림자도 커진다.

면 그릇이 모자라 다시 사야 할 거다. 매달 한 번씩 산다면, 머잖아 산재보험비가 훨씬 싸다는 걸 쥔들이 깨달을 것이다.

가게 쥔들은 대체로 배달 알바의 알바비를 떼먹지 않는다. 쥔이 마음씨가 착해서가 아니라 배달을 하면서 네가 직접 돈을 받기 때문이다. 배달 일을 처음 시작하면 네 주머니에 돈이 별로 많지 않을 것이다. 하지만 시간이 지나고 쥔이 너를 믿기 시작하면 그날 벌어들인 배달 수입이 네 주머니 안에 가득 차 있을 것이다.

만약 쥔이 네 알바비를 주지 않는다면 먹고 튀어라. 론스타도 국제적 먹튀를 한다. 기업인들도 평생 먹을 먹튀를 한다. 정치인들도 밥 먹듯이 먹튀를 한다. 그런 걸 보고 자란 미래의 주역 청소년들이 국제적인 관례, 기업인의 도전정신, 정치인의 솔선수범을 따라 먹고 튄다고 해서 그 누가 돌을 던질 수 있으랴. 먹고 튈 돈이 네 알바비보다 부족하다면, 쥔이 돈을 가져오란다며 동료의 돈까지 챙겨 먹고 튀어라. 그러면 쥔은 다음부터 알바비를 착실히 챙겨줄 수밖에 없을 것이다.

하고 나서 부르거나
하기 전에 부르든지

배달 알바에게 제일 진상은 모텔에서 부르는 손님들이다. 낮밤을 가리지 않고, 식사 때고 휴식시간이고 가리지 않고 부른다. 숨 넘어 갈 듯 부를 땐 언제고 벨을 눌러도 나오지 않고 꼭 꾸무럭거린다. 그러면 방 앞에서 큰 소리로 떠들어라! "아 세발, 하고 나서 부르거나 하기 전에 부르든지!" 그래도 진상들은 별 말이 없을 것이다. 모텔에서 자는 연놈치고 불륜이 아닌 경우가 거의 없기 때문이다. 안 나오면 안 나올수록 문을 두들기면서 큰소리로 "배달왔습니다!" 하고 크게 외쳐라! 문을 열었을 때 옷을 제대로 갖춰 입지 않았다면 음흉한 눈길로 위아래를 샅샅이 훑어보아도 좋다. 보이려고, 과시하려고 옷을 입지 않은 것이라 생각해도 되기 때문이다.

배달 알바에게 또 다른 진상은 돈을 주지 않거나 가격을 깎으려는 놈들이다. 배달을 가면 잊지 말고 항상 돈부터 받아라. 단골이라며 외상을 때리거나 늦었다고 음식 값을 깎으려는 놈들이 있다면 그냥 말없이 음식을 들고 나와라. 이런 놈들은 네가 음식을 들고 나갈라치면 언제 그랬냐는 듯 서둘러 돈을 건넬 것이다.

배달 알바에게 제일 지독한 새끼들은 늦었다고 투덜대는 것들이다. 그러면 늦어서 죄송하다고 말하고 그냥 가지고 나와라. 늦었다고 지랄하는 것들은 배가 아주 고픈 놈들이 틀림없다. 아니면 불어터진 자장면을 먹으면서도 밖으로 외출하기 싫어하는 게으른 놈들이다. 네가 액션을 취하자마자 웬만하면 그냥 돈 내고 먹을 것이다. 단, 다음번에 더 시킬지 안 시킬지는 알 수 없다. 세상은 넓고 중국집은 많기 때문이다.

할리 데이비슨을
꿈꾸며

배달 알바비를 받으면 기분 팍팍 내라. 이때까지 삥 뜯었던 친구나 후배들을 불러 짜장면을 사든 통닭이나 치킨을 사든 한턱 쏴라. 사주는 너도, 얻어먹는 친구나 후배도 모두 어색할 것이다. 얻어먹는 놈들은 이러다 더 크게 삥 뜯기는 건 아닐까 겁날 것이고, 사주는 너도 이제껏 해보지 않은 일이라 쪽팔릴 것이다.

하지만 월급 타면 자주 쏴라. 쏴 봤자 네가 받는 알바비에 비하면 푼돈일 것이다. 피시방 가려고, 밥 먹으려고, 폰값 내려고 삥 뜯었던 걸 갚는다고 생각해라. 약간의 어색한 시간이 지나고 나면 다시 삥 뜯기 전의 원만했던 사이로 돌아갈 것이다. 어차피 인생 별 것 없다. 인생 살아가면서 한 달에 한 번 짜장면과 치킨 값으로 친구를 얻을 수만 있다면, 되도록 많은 친구를 얻어둬라. 언젠가는 반드시 도움이 될 것이다.

웬만한 배달 알바라면 누구나 할리 데이비슨에 폼 나게 걸터앉아 여친을 뒤에 태우고 달리는 꿈을 꾼다. 꿈 깨라. 특별한 일이 없는 한 2,000만 원이 넘는 오토바이를 살 수 없다. 오토바이를 어찌 구했다 해도 그에 맞는 간지 나는 옷과 액세서리를 구할 수도 없다. 네가 원하지 않더라도 군대를 갔다 온 뒤 너에게 주어질 직업은 퀵써비스 기사이다. 아주 성실하게 산다면 나이가 들어 개인택시 한 대쯤은 끌 수 있을 것이고, 그것도 안 되면 지하철 택배원이 주어진 미래이다. 비참하지 않은가! 눈물 나지만 특별한 일이 없다면 정해진 운명이다.

그런 운명을 벗어날 수는 없는가? 물론 있다. 그 옛날 선배들이 '빠라빠라밤~ 빠라빠라빠라밤~' 세상이 떠나가라 경적을 울렸던 3·1절과 8·15 폭주족의 정신을 되살리는 것이다.

배달 알바는 배운 것도 없고 배우기도 싫고, 가난하고 못난 부모 밑에 태어난 죄로 배울 수도 없는 사람들이다. 배달 알바는 입은 있지만 말을 하지 못하는 사람들이다. 그 흔한 배달 알바의 문제가 무엇이라고 어디에 글을 올릴 수도 없을 만큼 못난이들이다. 낼 수 있는 소리라곤 도시 곳곳과 골목 곳곳에서 오토바이 마후라 떼고 큰 소리를 울리며 달리는 것뿐이다.

지금 당장, 3·1절과 8·15가 되면
광화문 한복판과 강남 한복판에 모여 경적을 울려라!
입은 있지만 말을 하지 못했던 그 느낌을 표현하기 위해
마후라 뗀 오토바이의 경적을 누르고 팡파르를 울려라!

집 나간 엄마 돌아오라고,
술만 마시는 아버지 그만 좀 마시라고,
세상이 불공평해 아무리 열심히 일해도 가난에서 벗어날 수 없다고,
내 자식은 가난에서 벗어나야 한다고
'빠라바라밤~' 크게 울려라.

경찰 포위망을 뚫으며

네가 꿈꾸었던 자유를 만끽하고,
세상을 향해 돌을 던질 수 있다는
너의 저항감을 보여주어라.

입이 있어도 말을 할 수 없었던 답답함을
단 한 번에 날려버려라.

주인이 알바비를 떼어 먹으려고 하는가? 먹튀비까지 다 받으려고 하는가? 걱정하지 마라!
다 방법이 있다. 라면을 끓여달라는 손님이 있으면 최대한 맛있게 끓여줘라. 그리고 인증샷.
거기다 며칠인지 기록해둬라. 틈만 나면 그렇게 해라. 그리고 그만둔 후에 구청 식품위생과
에 신고해라. 라면을 끓여주는 것은 식품위생법상 조리행위에 속한다.

2장

돌고 돌고
막 도는 달암쥐

쉼 없이 돈을 만져야 한다
편의점 알바

돈도 좋지만
감시는 싫어요!

편의점 알바는 쉼 없이 돈을 주고받는 일이다. 편의점 알바는 꽁생원처럼 보이는 퇴계 이황이 그려진 1,000원짜리, 불만에 가득 찬 듯한 율곡 이이가 그려진 5,000원짜리, 인자한 척 하지만 우는 듯 보이는 세종대왕이 그려진 10,000원짜리 지폐를 쉼 없이 받아야 한다. 돈을 모으려면 꽁생원이 될 수밖에 없고, 돈을 벌지 못하면 불만에 가득 찰 수밖에 없고, 돈을 쓰면 아까워 울 수밖에 없는 인간이기 때문에 이런 그림이 그려져 있으리라.

편의점 알바는 용맹스러운 이순신 장군이 새겨진 100원짜리와 우아함과 고상함의 상징 학이 새겨진 500원짜리 동전을 쉼 없이 내주어야 한다. 편의점 알바가 100,000원짜리 수표를 만지는 일은 거의 드물다.

편의점 알바를 더 힘들게 하는 건 돈을 수없이 만지지만 그 돈이 내 돈이 될 수 없다는 사실이다. 편의점 알바는 하루에 수십만 원에서 백만 원 가량의 돈을 만진다. 하지만 한 달 내내 일해도 백만 원이 안 되는 돈을 받는다는 사실이 힘들다. 온종일 일해 봐야 하루 매출에도 못 미치는 돈을 받는다는 사실 때문에 힘든 게 아니라, 그보다는 국가가 정한 최저시급에도 미치지 못하는 돈을 받는 미달이 인생이라는 사실이 힘들다.

이런 편의점 알바를 더욱 슬프고 힘들게 하는 건 감시카메라이다. 편의점 주인은 손님들이 물건을 훔쳐갈지 모른다는 핑계로 편의점 곳곳에 감시카메라를 설치하지만, 막상 편의점 주인이 틈나는 대로 감시카메라를 검사하는 곳은 단 한 곳뿐이다, 바로 돈을 주고받는 곳, 알바 네가 지겹도록 서 있는 카운터가 그곳이다. 편의점의 모든 사람은 알바의 사생팬임을 잊지마라.

편의점 알바는 밖으로 삐져나온 옷을 밀어 넣기 위해 바지 속으로 손을 넣어선 안 된다. 아무리 손이 시려도 주머니에 손을 넣어서도 안 된다. 하물며 지갑을 꺼내 만지작거리는 건 절대 금물이다. 감시카메라가 24시간 한 번도 쉬지 않고 작동하고 있기 때문이다. 네가 조금이라도 의심스러운 동작을 하면, 감시카메라는 네 행동이 수상하다고 주인에게 꼬바를 것이기 때문이다. 신고 정신이 투철한 감시카메라는 돈을 주고받는 노동을 하는 알바를 잠재적인 도둑놈, 언제

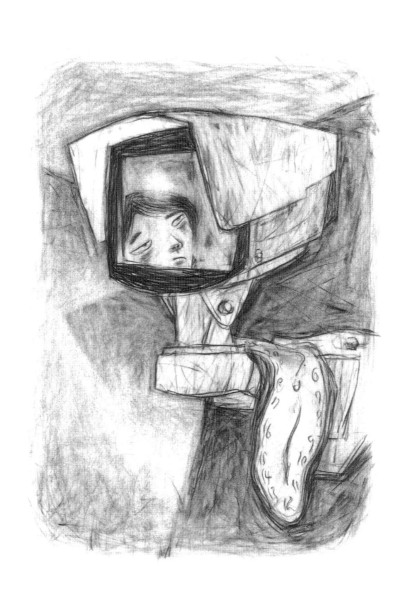

든지 주인의 돈과 재산을 훔칠지 모르는 강도 같은 놈이라고 여기기 때문이다.

편의점 주인은
누구인가

편의점 알바는 편의점 주인을 부자라고 착각해선 안 된다. 그는 단지 편의점 알바의 피를 빨아먹는 모기나 쇠파리일 뿐이다. 모기나 쇠파리에게는 알량한 자본이 있을 뿐이고, 그 뒤에 알바들의 노동시간과 피를 빨아먹는 대기업 드라큘라가 있다.

편의점 주인은 대부분 부자가 아니다. 기껏해야 1억이나 2억 정도를 투자해서 자기 노동력만큼 돈을 버는 사람이라고 보면 된다. 그것도 거의 회사에서 잘리거나 퇴직할 때 받은 알량한 퇴직금인 경우가 많다. 그는 이 돈을 밑천 삼아 편하게 돈을 벌고 싶은 욕심으로 대기업에 5년간 인생을 저당 잡힌 사람들이다. 아니 대기업과 5년간 노예계약을 맺은 사람들이다.

이런 편의점 주인들은 대개 소심쟁이다. 기껏해야 자기 노동력 정도의 돈을 벌려고 하기 때문이다. 편의점 주인은 소금쟁이다. 아무런 일도 하지 않고 소금쟁이처럼 물 위를 둥둥 떠다니면서 쉽게 돈을 벌려고 욕심내는 사람이기 때문이다.

편의점 주인은 편의점을 내는 것이 길에서 돌을 줍는 것보다 쉽다는 것을 알고 있다. 하지만 편의점으로 떼돈을 벌 수 없다는 것을 깨닫는 데는 한 달도 채 걸리지 않는다. 그래서 대부분의 편의점 주인은 국가가 정한 최저시급에도 미치지 않는 알바비를 주려고 한다. 그들은 대개 알바가 하는 일이라고는 '돈을 주고받는 것 외에 아무것도 없다'라고 생각하기 때문이다.

이런 주인으로부터 밀린 알바비를 받는 것은 어렵지 않다. 쇠파리 퇴치에는 쇠꼬리가 제일 좋고, 모기 퇴치에는 에프킬라가 최고이다. 편의점 주인이 알바의 피를 빨아먹는 쇠파리나 모기라고 해서 쇠꼬리로 때리거나 에프킬라를 뿌려서는 안 된다. 알바비를 받고 싶다면 틈나는 대로 생리적인 이유를 내세워 고의 태업을 하라. 어렵지 않다. 문을 닫아걸고 '외출 중' 간판을 걸어라. 그리고 화장실에 가서 10분씩만 있다가 나와라. 일하는 시간이 하루 열 시간이라면 매일 열 번씩만 그렇게 하라. 전날 술을 마시고 속이 좋지 않다면 하루 스무 번을 드나들어도 좋다. 그러면 눈에 띄게 매출이 줄 것이고, 그 이유를 알고 나면 알바비를 안 주고는 못 배길 것이다.

얼빵한
편의점 알바님

편의점 알바를 하려면 편의점 알바를 하고 있는 나 자신이 누구인지 알아야 한다. 소크라테스 선생님도 '네 자신을 알라'고 말하지 않았던가! 편의점 알바를 하는 사람은 대개 편의점 알바가 처음인 사람이 많다. 체인 본부가 가르치길 알바를 뽑을 때 편의점 알바가 처음인 사람을 뽑으라고 하기 때문이다. 따라서 편의점 알바는 대개 약간 어리벙벙해 보인다. 네가 아무리 똑똑하고 빠릿빠릿해도 소용없다. 난생 처음 하는 일을 똑 부러지게 할 수는 없기 때문이다.

편의점 알바는 이런 점을 간파하고 자신을 잘 위장하거나 연출할 줄 알아야 한다. 숱한 남자와 잠을 잔 여성도 결혼식 후 첫 잠자리에서 처녀인 듯이 행동한다는 것을 명심하라. 경험이 많을수록 처녀처럼 행동하기 더 쉽다는 것도 명심해라. 경험이 그의 스승이 되어 주기 때문이다. 설사 네가 수개월간 또는 다년간 편의점 알바 경험이 있더라도 마치 첫 경험인 듯이 행동하라. 그럼 주인은 너를 의심하지 않을 것이다. 이것이 바로 진정한 알바 종결자의 경지이다.

편의점에서 알바비를 잘 주지 않는가? 그렇다면 창고를 마치 네 것인 양 마음대로 이용해라. 편의점 창고는 사실 감시의 눈길이 미치지 않는 사각지대이기 때문이다. 편의점 주인이 아무리 노력하더라도 100원에서 1만 원대에 이르는 자잘한 상품들을 모두 일일이 재고 조사할 수는 없기 때문에 창고는 알바 네 개인 소유인 양 마음대로 이용해도 된다. 배가 고프면 먹고 싶은 과자나 음료, 빵을 마음껏 먹어도 된다. 단, 네가 아무리 좋아하는 상품이라도 그것만 집중적으로 먹지 말고 골고루 먹어라. 그래야 네 건강에도 도움이 되고, 얼치기 주인의 재고 파악에 혼란을 줄 수 있기 때문이다. 또한 비싼 양주, 담배, 복권 등에는 절대 손대지 마라. 이건 재고 조사 때 반드시 걸린다. 돈만 물어주는 데 그치지 않고 사법처리를 당할 수도 있다는 것을 명심해라.

단, 주인이 알바비를 제때 주고 국가가 정한 최소한의 시급을 보장한다면 이런 일을 해서는 안 된다. 편의점 주인을 무한 착취하는 흡혈 드라큘라 체인 본부의 시스템과 달리 편의점 주인은 인정이 있기 때문이다. 너의 알바비를 보장하기 위해 최선을 다하는 편의점 주인의 눈물겨운 노력을 모른 척 해서는 안 되기 때문이다.

소심한
편의점 알바님

편의점 알바를 하는 너는 누구인가? 편의점 주인만큼이나 소심한 사람일 것이다. 적은 돈에 만족하면서 조금 편한 일자리를 원하기 때문이다. 만약 네가 대범하고 활동적이라면, 미친 듯이 정열적인 사람이라면 편의점 주인은 너를 결코 알바로 고용하지 않을 것이다.

하지만 네가 겉보기와는 달리 은근히 활동적인 사람이라면 편의점 알바를 더 잘 할 수 있는 충분한 자격을 갖추고 있는 셈이다. 네 알바비를 확실히 챙기지는 못할지라도, 티 나지 않게 주인의 수익을 확실히 줄여줄 수 있는 그런 묘책을 쓸 줄 알 것이기 때문이다. 알바비를 최저시급보다 적게 주거나 제때 주지 않는다면, 주인이 소심할 것이라고 믿고 있는 너의 감춰진 성격을 적극 활용해라!

편의점 손님들 중에는 가난한 사람들이 많다. 특히 지갑에 넣을 것이라곤 교통카드와 학생증뿐이고, 양 주머니에 넣을 것이라곤 두 주먹뿐인 사람들이 많다. 그들을 위해서 삼각김밥을 남겨 두어라. 삼각김밥은 어떤 경우에도 유통기한이 지나면 단말기에 찍히지 않

는다. 삼각김밥을 제자리에 두지 말고 냉장실 여러 군데에 분산시켜
놓아라. 그리고 돈이 없는 가난한 학생과 날품팔이 노동자들에게 슬
며시 유통기한이 지났지만 먹어도 탈이 나지 않는다며 나누어 주어
라. 그러면 무척 좋아할 것이고, 네가 근무하는 시간만 되면 다른 배
고픈 인생들이 더불어 먹고 즐겁게 사귀기 위해 너를 찾아올 것이다.

배가 고프면 네가 먹어도 좋다. 단, 너무 먹어 얼굴이 삼각형이 되
지 않도록 조심해야 한다. 얼굴이 삼각형으로 변하면 주인이 알아챌
수도 있기 때문이다.

삼각김밥이 많이 팔리지 않는다고 네가 걱정할 필요는 없다. 삼각
김밥이야 어차피 판매가의 65퍼센트 정도 가격에 들어오고, 팔리지
않으면 편의점 주인이 본사에 지불해야 할 돈이기 때문이다.

주인을 골탕 먹이는 또 다른 방법이 있다. 편의점에는 으레 파라
솔이 있게 마련이다. 한겨울을 제외하면, 해질 무렵 파라솔에 앉아
캔맥주를 마시는 사람들이 있게 마련이다. 그들은 대개 술만 사고
안주는 사지 않는다. 열에 일고여덟은 아마 주머니가 가벼운 시인이
거나, 꿈은 있지만 때를 만나지 못한 청년이거나, 노래를 사랑하는
가객일 것이다.

창고가 주인에게는 사각지대이지만 알바에게는 사유재산이나 다
름없다는 것을 다시 한 번 명심해라. 아름다운 세상을 꿈꾸며 파라
솔 아래에서 캔맥주와 소주로 죽 때리는 자들에게 간간이 안주를 베
풀어라. 그럴수록 편의점 단골 고객이 늘어날 것이다. 너의 인격이
훌륭하다는 소문이 점점 널리 퍼질 것이다.

편의점 주인은 네가 편의점 알바를 처음 한다고 철석같이 믿

고 있을 것이다. 게다가 네 성격이 소심하다는 것을 확신하고 있어서 네가 이런 짓(?)을 하리라고는 꿈에도 생각하지 않을 것이다. 단, CCTV에 잡히지 않도록 조심해야 한다. CCTV에 잡히면 다 물어내야 한다. 게다가 지금까지 재고 조사 때 손실 난 것을 모두 물어야 할지도 모른다.

콘돔을 들고 설치는
진상을 위해서

편의점의 진상은 술 취한 사람들이다. 늦은 밤 술을 먹고 와 진상을 떨고 있다면, 두려워하거나 공포에 떨지 마라. 전화기를 들고 침착하게 112를 누른 뒤 상냥한 목소리로 진상 손님이 있음을 알려라. 그러면 5분 내 출동을 자랑으로 삼고, 힘없는 약자에게 강한척하길 좋아하는 대한민국 경찰이 출동해 아주 간단하게 그를 제압할 것이다.

편의점의 또 다른 진상은 늦은 밤 콘돔을 들고 와 이것저것 묻는 변태 성교육남이다. 특히 알바를 하는 네가 여자라면 더더욱 짓궂게 사용법을 묻거나, 어느 게 시간을 더 오래 지속시키느냐고 물을 것이다. 네 얼굴이 빨개질수록 진상 손님은 더 진상을 떨 것이다. 이때 감시카메라도 아무런 소용이 없다. 녹음이 되지 않기 때문이다. 그럴 때는 "곧 경찰이 올 시간인데……"라고 큰 소리로 말해라. 그러면 그는 얼른 계산을 하고 꽁지 빠지게 달아날 것이다.

편의점 알바를 아주 힘들게 하는 또 다른 진상이 있다. 물건을 사고 마치 거지에게 돈을 주듯이 던지는 놈들이다. 그럴 때 얼굴이 굳어지면서 화내지 마라. 학비와 생활비를 벌려는 너의 고상한 마음씨가 한순간에 더러워진다. 그럴 때는 손님이 원하지 않더라도 물건을 봉투에 넣고 실수로 잘못 건넨 양 바닥에 던지듯이 떨어뜨려라. 돈을 던졌던 바로 그 손으로 물건을 집어야 할 것이다. 그렇게라도 해야 네 자존심이 상하지 않을 것이고 맘도 편해질 것이다. 그 진상이 다시 찾아오지 않을까 걱정하지 마라. 그런 놈이 단골이라면, 너 같은 알바는 무척 피곤하다고 여겨 발걸음을 끊을 것이기 때문이다.

청결을 팝니다, 청순을 팝니다
아이스크림 가게 알바

청결을
팝니다

　　　　　　　아이스크림 가게 알바의 가장 큰
임무는 청결이다. 아이스크림 가게는 서너 달에 한 번 꼴로 구청에서
나오는 위생단속, 본사에서 한 달에 한 번 실시하는 정기 위생검사와
무통보 기습 위생검사 등 보통 한 달에 서너 번 위생 단속이 나온다.
　매장의 위생과 청결 유지는 고스란히 알바의 몫. 알바가 없다면
매장의 청결도 위생도 없다. 아이스크림 가게 알바는 아이스크림을
파는 것이 아니라 최저시급을 받으며 청결을 파는 것이다. 청결을
유지하기 위해 아이스크림 알바는 손에 지문이 사라지는 등의 사소
한 문제 정도는 견뎌낼 수 있어야 한다.

청결은 기본!

위생은 보너스!!

알바의 희생은 덤!!!

수시로 물청소는 기본!

알코올 청소는 보너스!!

이름을 알 수 없는 독한 약품 청소는 덤!!!

유리 닦기는 기본!

식기 소독은 보너스!!

쭈그려 앉아 타일 닦기는 덤!!!

근속 연한이 길수록

양손에 주부습진, 염증, 아토피는 기본!

상처에 피고름은 보너스!!

지문인식기로 된 현관문 못 여는 것은 덤!!!

1984년에 시인 박노해가 화공약품 공장 아가씨들의 애절하고 분
노에 찬 목소리를 생생하게 전했던 〈지문을 부른다〉라는 시는 오늘
날 아이스크림 가게 알바들의 이야기이며 지금도 현재진행형이다.

아이스크림 가게 알바는 시원하고 달콤한 행복을 안겨주는 아이
스크림도 팔지만, 청결 노동을 파는 노동자이기도 하다.

청순에서
이윤이 나온다

　　　　　　예뻐 보이고 싶다면 아이스크림 가게 알바를 해서는 안 된다. 아이스크림 알바를 하려면 귀걸이를 걸어서도 안 되고, 반지를 껴서도 안 되고, 손톱을 길러서도 안 되고, 손톱에 매니큐어를 칠해서도 안 되고, 팔찌를 차도 안 되고, 진한 화장도 안 되고, 머리를 길게 늘어뜨리고 있어서도 안 된다. 아이스크림 가게는 알바생들의 청순함을 파는 곳이기 때문이다. 아이스크림 가게 알바는 심플하고 단정한 걸, 아무런 화장도 하지 않은 순수한 걸, 치장이라곤 전혀 모르는 듯한 청순한 걸이어야 한다.

커다란 귀걸이를 한 채 매니큐어를 칠한 긴 손톱에 커플링 반지를 끼고 진한 화장을 한 알바들이 아이스크림을 퍼준다고 상상해보라. 긴 머리를 늘어뜨려 아이스크림 통에 머리카락이 닿는다고 생각해보라. 그런 알바들이 쭈그려 앉아 락스와 이름을 알 수 없는 화공약품으로 가게 바닥을 닦고 있다고 생각해보라. "골라 먹는 재미"가 아무리 좋아도, "31일 내내 새로운 맛을 선사"해도, "아이스크림을 파는 것이 아니라 즐거움을 판다"라고 아무리 떠들어도 그 아이스크림 가게에 들르고 싶은 생각이 사라질 것이다. 청순미의 상징인 찰랑거리는 긴 생머리는 사절이다.

아이스크림 콘 하나가 1,000원이고 이윤이 300원이라면, 그 이윤은 알바의 단정함과 순수와 청순에서 나오는 것이다.

그램 노동

　　　　　　아이스크림 가게 알바는 무게 노동이다. 배달이 1분 1초의 속도를 다투는 노동이라면, 아이스크림 가게 알바는 그램과 킬로그램을 들고 나르고 푸고 주는 무게 노동이다. 무게를 어떻게 다루느냐가 아이스크림 가게 알바의 능력을 좌우한다.

• 배스킨라빈스 상품의 무게와 비교

이름	무게	비교 대상
콘	레귤러	120g 라면
킹	150g	참치 작은 캔
더블 주니어	160g	치약 큰 것
포장용	파인트	320g 씨리얼
쿼터	620g	약 돼지고기 한 근
패밀리	970g	초슬림 노트북
하프 갤런	1200g(1.2Kg)	꿀 한 통
통	텁	8000g(8Kg) 쌀 한 말

　전지현의 청순한 모습에 매료되어 아이스크림 가게 알바를 시작했는가? 아이스크림 가게 알바를 오래 하면 전지현처럼 아리따워질 수 있다고 생각하는가? 꿈 깨라. 아이스크림 가게 알바는 120그램 레귤러 콘을 뜨는 작은 미세근육 운동과 텁이라고 불리는 8,000그램 아이스크림 통을 드는 대근육 운동을 반복해야만 한다. 달리 말

하면 라면 한 봉지 드는 운동과 쌀 한 말을 드는 운동을 번갈아가며 해야 한다는 말이다. 'S라인' 몸짱 대신 '노가다' 야생 근육이 된다.

120그램을 뜨는 미세근육 운동을 하면서 안젤리나 졸리처럼 매끈한 팔을 갖기 원했는가? 꿈 깨라! 8,000그램을 드는 대근육 운동 때문에 〈에일리언〉의 시고니 위버처럼 우람한 근육질 팔뚝을 갖게 될 것이다. 그것도 왼손잡이라면 왼손만, 오른손잡이라면 오른손만 울퉁불퉁해질 것이다. 8,000그램을 나르는 운동을 자주 한다면 왕(王)자 복근이 새겨지기보다는 허리 디스크로 평생 고생할 것이다.

텁을 들 때는 허리를 쓰지 말고 두 다리로 불끈 일어나라. 그래야 허리 디스크에 걸리지 않는다. 하루도 빠지지 말고 마사지를 계속해라. 그래야 왼쪽 팔과 오른쪽 팔이 비대칭적으로 울퉁불퉁해지지 않는다.

그램 노동은
무기이다

그램 노동은 알바를 하는 너를 진정으로 자유롭게 해줄 것이다. 아이스크림 가게 사장은 그리 가난한 사람이 아니다. 아이스크림 가게를 여는 데 최소한 4억에서 5억 원이 들기 때문이다. 알바비를 자꾸 미루거나 주지 않는다면, 그리고 퇴근할 때 어쩌다 한 번씩 가족과 나누어 먹으라고 패밀리 통에 아이스크림을 싸주지 않는다면 그램 노동을 적극 활용해라.

아이스크림 가게 알바는 달콤한 행복을 얻기 위해 건강을 버릴 각

오로 방문하는 고객들을 상대해야 한다. 그럴 때 항상 정량보다 듬뿍 푸짐하게 퍼줘라. 그래봐야 콘을 기준으로 약 20그램 정도 더 퍼주면 된다. 어차피 콘은 무게도 잴 수 없다. 게다가 정량보다 절대 적게 퍼주면 안 된다. 회사의 규정에 그렇게 되어 있다. 포장용에는 더 마음을 잔뜩 써서 듬뿍듬뿍 담아줘라. 사장이 감시하고 있다면 눈치껏 담아주고, 점장이 보고 있다면 눈 가리고 아웅 식으로 담아줘라. 손님들이 많이 준다고 칭찬할수록, 아이들이 네가 알바를 할 때에 많이 몰려들수록 주인의 주머니는 가벼워질 것이다.

그리고 손님의 실수인 듯이 아이스크림을 한 번씩 떨어뜨리고 다시 담아줘라. 그리고 스푼을 들고 틈나는 대로 여러 종류의 아이스크림을 맛보아라. 가랑비에 옷 젖듯이 자주 조금씩 맛난 아이크림을 즐겨라. 너무 많이 먹지 말고 한 번에 약 10~20그램만 맛보도록 해라(단 건강은 책임지지 못한다).

이렇게 한다면 그 아이스크림 가게는 적어도 하루 매상이 70만 원 정도 차이가 날 것이다. 내가 10~20그램만 무게를 늘린다면 이렇게 큰 차이가 난다니 놀랍지 않은가?

8,000그램짜리 텁 한 개로 레귤러 콘 약 66개를 만들 수 있다. 텁이 모두 31개라면 약 2,066개의 레귤러 콘을 만들 수 있다. 레귤러 콘 하나에 20그램 정도씩만 더 얹어준다고 생각하면 31개의 텁으로 약 1,771개의 콘을 만들 수 있다. 그렇다면 최소한 295개의 차이가 난다. 한 개에 2,500원이라면 약 70만 원, 3,000원이라면 약 88만 원의 차이가 난다. 이런 일이 매일 진행된다면 주인은 한 달에 약 2,000만 원에서 2,500만 원의 손해를 보게 된다.

주인이 너무 많이 손해를 본다고 생각하는가? 그렇다면 하루에 텁을 15개 정도 판다고 가정하자. 그렇다면 1,000만 원에서 약 1,300만 원을 손해 볼 것이다. 장사가 더 안 돼 10개 정도만 팔린다고 가정해도 한 달이면 얼마인가. 생각해보라.

그럴 일이 없다고? 천만의 말씀, 이미 모든 아이스크림 가게 주인은 이런 문제로 골머리를 썩고 있다. 자기가 가게를 지키고 있을 때와 없을 때의 매출 차이가 너무 많이 나기 때문이다. 아이스크림 가게 알바들이 자기 이익에 눈이 먼 부당한 가게 주인들에게 창의적으로 교묘하게 저항하고 있기 때문이다.

가게 주인들은 깨달아야 한다. 차라리 알바에게 매달 1,000만 원을 골고루 나누어 주는 게 자기에게 커다란 이익이 된다는 것을! 알바비를 많이 줌으로써 건강한 사회 만들기에도 크게 기여한다는 것을! 가게 주인이 알바비를 풍족히 주고, 알바비를 풍족히 받은 알바가 아이스크림을 정량대로 판매해보라. 앞으로 자라날 우리의 어린 아이들이 단것을 덜 먹게 되고, 아이들이 건강해지면 우리 사회의 미래는 더욱 밝을 것이다.

이 글을 읽은 아이스크림 본사와 가게 주인들은 어쩌면 정량 판매 노이로제에 걸릴 것이다. 하지만 정량 이하로는 줄 수 없다. 정량 이하로 주면 어차피 손님들의 클레임이 계속 들어올 것이기 때문이다. 게다가 어차피 손님들은 많이 달라고 계속 떼를 쓸 것이다. 돈에 눈이 먼 주인들이 온종일 가게에 머물며 건강을 혹사한다면 그것도 좋은 일이다. 그렇게 한 달, 두 달, 석 달…… 계속된다면 큰 병이 날 것이기 때문이다. 따라서 아이스크림 가게 주인은 좋은 맘 먹고, 귀한 아들딸 같은 알바들에게 잘해 주어야 한다.

"많이
주세요"

아이스크림 가게에 진상 손님은
별로 없다. 고객은 대개 달콤한 맛에 이끌린 중고땅과 대땅, 아이들
에게 점수를 잘 받고 싶은 겉보기표 착한 엄마, 아이스크림을 사다
주면 가족이 화목해지고 점수를 잘 받을 것이라고 착각하는 게으름
형 순진 아빠들이다.

진상이라고 해봐야 고작 "많이 주세요!" "조금 더 담아 주세요!"
하는 고객들뿐이다. 사장님의 이익을 극대화하기 위해 손님과 얼굴
붉히면서 정량대로 담을 알바가 어디 있겠는가. 그런데도 적게 준다
며 얼굴에 기분 나쁜 표정을 드러내는 손님이 있다면, 이런 진상 고
객들에게는 정량대로 담아줘라. 조금 많이 담았다면 다시 퍼내고 저
울에 달아서 건네줘라.

10그램이나 20그램 덜어내면서 마음 아파하지 마라. 더 많은 달
콤함을 선물하는 것은 더 많은 '단것 중독' 병을 아이들에게 선물하
는 것과 마찬가지이다. 배스킨라빈스 창업자의 아들이 가게를 물려
받지 않고 환경운동을 하는 이유를 생각해라.

아이스크림 가게
알바 팁

하나. 아이스크림 가게에서 알바를 하고 싶다면 최소한 외국어를 겁내지 말아야 한다. 몇 가지 기본 단어와 어휘를 빼고는 모두 외국어를 사용하기 때문이다. 블라스트, 팁, 스페이드, 스쿠퍼, 싱글 레귤러, 더블 주니어, 더블 레귤러, 파인트, 쿼터, 패밀리, 하프 갤런…… 매달 조금씩 바뀌는 각종 아이스크림 이름들. 참, 엄마는 외계인이라는 아이스크림 빼고 모두 외국어이다. 푸하하 정말 웃기지 않은가! 수없이 많은 시간과 돈을 들여 외국어를 배웠는데도 말문이 열리지 않던 네가 알바를 하는 내내 외국어로 말하고 있다니.

둘. 아이스크림 가게에서 알바를 하고 싶다면 드라이아이스를 손으로 깨거나 으스러뜨릴 줄 알아야 한다. 드라이아이스는 작은 조각으로 나오지 않기 때문이다.

셋. 아이스크림 가게에서 알바를 하고 싶다면 신경통과 외모쯤은 아무것도 아닌 것으로 생각할 줄 알아야 한다. 아이스크림을 푸기 시작하면서 팔목이 아프고 마침내 두꺼워질 것이다. 온종일 서 있다 보면 오금이 저리고 허벅지와 정강이가 굵어질 것이다. 팁을 들기 시작하면 온몸의 근육이 쑤시고 허리도 굵어질 것이다. 비오는 날, 오십 넘은 엄마와 날씨 타령하며 찜질방으로 고고씽할 것이다.

친절을 팝니다, 립서비스를 팝니다

대형할인마트 알바

눈속임

세상에 이렇게 좋은 조건의 일자리가 있다니!

모집 광고만 보면 눈이 휘둥그레지는 곳이 있으니, 자, 보시라!

최저시급보다 최소 6~700원 많이 주는 것은 기본,

주 1~2일 휴일은 팁으로 드리고,

게다가 4대 보험은 덤으로 드리고,

버스가 끊길 때까지 일을 하신다면 택시비도 보조해드리고,

명절상여금을 드려 가족들에게 낯도 세워드리고,

게다가 계약시간보다 일을 더 많이 하신다면

연장수당은 당연히 챙겨드리는 것은 물론이고

집안의 크고 작은 궂은일 좋은 일은

내 집안일처럼 여겨 경조사비도 드립니다.

아 참, 잊은 게 있습니다.

오랫동안 성실하게 근무하시면

정직원이 되실 수 있는 천금 같은 기회도 드립니다.

정규직을 원하는 청년의 천국,

돈을 많이 주는 알바의 천국,

생활비를 벌고 싶은 주부의 천국 같은 판타지 노동 세계.

어느 회사냐고요?

좀 변변찮은 회사인데,

이름 하여 대형할인마트!

'항상 여러분 곁에 있는' 이마트,

'가정에 더하기 보탬이 되는' 홈플러스,

'국내 최고의 할인점' 롯데마트예요.

아, 그런데 오시기 전에 꼭 생각해보고 오셔야 해요.

저희랑 같이 일을 하시면 하루 여덟 시간의 건전한 노동과

밥 먹는 한 시간을 포함해 아홉 시간은 일해야 해요.

밥 먹는 시간도 시급을 달라는 비양심적인 사람은 받지 않아요.

그래서 얼마를 받느냐고요?

조금 약소하지만 한 달 내내 성실하게

소처럼 일하신다면 110만 원이에요.

하루 대여섯 시간 무거운 짐을 나르고 싣고 정리하고

개처럼 일하신다면 77만 원이이에요.

물론 밥 먹는 시간은 일하는 시간이 아니고,

밥은 제 돈 내고 먹어야 해요.

설마 하루 아홉 시간 일하고

110만 원을 받는 것이 적다고 생각하시나요?

하루 예닐곱 시간 일하고

77만 원 받는 것이 형편없다고 화가 나시나요?

세상 물정을 전혀 모르시는군요.

세상물정 잘 아는 빠삭이라면 최저시급만 겨우 받는

다른 일자리를 알아보시든가요!

장시간 노동이
가장 큰 적이다

대형할인마트 알바의 가장 큰 적은 장시간 노동이다. 밥 먹는 시간 포함해서 하루 아홉 시간이나 예닐곱 시간 일할 것을 요구한다. 이 정도의 시간을 들인다면 이것은 알바가 아니라 직업이다. 왜 알바가 아니고 직업인가? 오가는 시간까지 포함해 하루 여덟 시간에서 열 시간씩 한 달 내내 이렇게 일을 한다면 다른 일을 할 수 없기 때문이다.

그러고도 110만 원이나 77만 원밖에 받지 못한다면 이는 너무 적은 월급이다. 그런데도 대형할인마트는 "세상에 이렇게 좋은 알바가 어디 있냐"라며 생계와 아이들 학원비에 쪼들리는 주부, 상대적 고액을 원하는 군 입대 전후의 휴학생과 방학을 맞아 등록금을 벌려는 단기 알바 대학생들을 현혹한다.

대형할인마트에서 일하는 알바들이여, 절대 속지 마시라. 대형할인마트 알바는 알바가 아니라 장시간 노동을 하는 직업이라는 것을, 직업이기 때문에 그들이 주장하는 고액 알바비라는 건 사기이고 눈속임일 뿐이라는 것을…….

안돼요는 안 되고
돼요는 돼요

대형할인마트 알바는 노예 노동이다. 노예는 주인에게 어떤 경우에도 NO라고 말해서는 안 된다. 대형할인마트 알바도 어떤 경우이든 NO를 뜻하는 "몰라요"라거나 "안돼요"라거나 "없어요"라는 말을 해서는 안 된다. 고객은 주인이자 왕이고 대형할인마트 알바는 노예이다. 노예는 주인에게 어떤 경우에도 YES라고 말해야 한다. 주인의 하찮은 선행에도 웃는 얼굴로 "고맙습니다"와 "감사합니다"를 큰소리로 외쳐야 한다. 사소한 잘못을 저질렀더라도 울음이 터질 것 같은 얼굴로 "죄송합니다"라고 말해야 한다. 대형할인마트 알바는 고객의 잘못이 분명하더라도 "죄송합니다"라며 노예처럼 굽실거려야 한다.

네가 조금 머리 좋은 노예인가? 그렇다면 "고객님, 제가 도와 드리겠습니다.”“네, 잘 알겠습니다.”“죄송합니다, 오래 기다리셨습니다.”“이렇게 해드려도 괜찮으시겠습니까?”라는 말을 오토매틱하게 씨부릴 것이다.

대형할인마트 알바는 서비스가 생명이다. 대형할인마트는 알바들에게 끊임없이 립서비스를 요구한다. 서비스(service)라는 말 자체가 라틴어의 노예(servus)라는 말에서 유래되었듯이 서비스 노동, 그중에서도 립서비스 노동을 하는 대형할인마트 알바는 명백한 노예이다.

대형할인마트는 왜 알바들에게 립서비스를 강요하는가? 돈이 들지 않지만 그로 인한 이익은 크기 때문이다. 립서비스가 좋을수록 매출은 올라가고, 매출이 올라갈수록 이익이 많이 남기 때문이다.

그러나 오전 네 시간 동안 밀려드는 고객들에게 언제나 똑같은 립서비스를 한다고 생각해보라. 그 네 시간은 끝이 없는 영원이다. 돈 들이지 않고 회사의 기쁨이 커지는 만큼 알바의 고통 또한 눈덩이처럼 불어난다.

나는 지금 네가
무엇을 하는지 알고 있다

노예는 끊임없이 감시를 당한다. 어쩌다 잠결에 천국에 가겠는 꿈이라도 꾸고 웃는다면 주인은 자기를 놀리는 줄 알고 채찍으로 때릴 것이다. 노예는 잠자는 시간에 천국을 꿈꾸는 것마저도 감시를 당한다.

대형할인마트 알바도 끊임없이 감시를 당한다. 모니터요원과 감시요원이 고객에게 NO라고 말하는지 곳곳에서 감시한다. 들키는 순간 엄청나게 가혹한 친절교육을 받아야 한다. 친절교육을 어디서 받겠는가? 왕과 같은 고객이 보는 곳에서 받을 것 같은가? 천만의 말씀 만만의 콩떡! 친절교육은 대형할인마트 내 가장 으슥하고 음침한 곳, 고객의 시선이 전혀 미치지 않는 곳에서 이루어진다. 고객과 사소한 말다툼이라도 벌여보라. 고객들이 드나드는 문 앞에 서서 두 시간이고 세 시간이고 "고갱님 사랑합니다!"라고 외쳐야 한다. 세상에 이토록 참혹한 짝사랑이 어디 있는가?

아, 참! 대형할인마트 알바가 노예인 또 다른 이유가 있다. 대형할인마트 알바는 귀걸이와 목걸이를 해서도 안 되고, 화려한 옷을 입어서도 안 되고, 노란색이나 빨간색으로 머리를 염색해서도 안 되고, 화려한 화장은 더더욱 안 된다. 단정한 머리, 화장을 안 한 듯한 얼굴, 그리고 검은색이나 회색 계통의 바지에 운동화 차림이 대형할인마트 알바의 패션이다. 일을 하는 알바가, 아니 노예가 왕과 같은 고객보다 더 나아 보이면 안 되기 때문이다.

지나치게 지저분하거나 너저분해 보이는 것도, 혐오스러운 것도 금지! 왜? 왕과 같은 고객이 혐오감을 느끼면 안 되기 때문이다. 참, 외관상 혐오스러운 노예 지원자는 립서비스 노예가 될 자격조차 주어지지 않는다는 것도 명심하라.

말하지도 말고,
생각하지도 마!

노예는 '아무것도 생각하지 마!'
이다. 주인이 시키는 대로 일하고 먹고 마시고 자면 된다. 생각하는
것은 인간의 일이지 노예의 일이 아니기 때문이다.

대형할인마트 알바가 하는 일은 무엇인가. 아이들 학원비 때문
에 일하러 나온 아줌마나 여가 삼아 돈 벌러 나온 사모님의 주 업무
인 카운터에 서서 돈 계산하기, 목이 터져라 물건을 사라고 외치며
판촉하기, 틈틈이 상품 진열하기. 창고 상품 내가고 들여오기, 물건
싸가기 좋게 박스 모으기, 반품 물건 처리하기, 뜨거운 뙤약볕이나
한겨울 추위 속에서도 바깥에서 이리 뛰고 저리 뛰며 주차 안내하
기…….

어떤 일이든 시작하는 순간, 생각 금지! 일이라는 쇠사슬에 묶이
는 순간 오로지 식사 시간이 얼마나 남았는지, 언제 쉴 수 있는지, 언
제 월급이 나오는지만 생각해야 한다. 힘든 일을 견디고 살아남으려
는 욕망만 가져야 한다.

일하는 순간 왜 아무것도 생각하지 못하는 노예가 되는가? 과거
에 노예가 채찍에 구속당했다면, 현재 대형할인마트 알바는 전일 노
동의 대가인 110만 원이나 대여섯 시간 노동의 대가인 77만 원에
묶여 노예가 된다. 등과 배와 다리의 살점을 휘감는 채찍보다도 더
무서운 돈이 대형할인마트 알바를 노예로 만든다.

보너스를
드립니다!

　　　　　　　　　　　노예가 짐승과 다른 점은 말을 할 줄 안다는 점이다. 대형할인마트는 노예의 이런 특징을 잘 알고 있다. 그래서 대형할인마트는 립서비스와 관련된 말 이외에 잡담을 금지시킨다. 짐승으로 살고 싶지 않다면 떠들어라. 너는 혼자 있는 게 아니고 동료랑 함께 있다. 네가 한 마디 하면 동료도 한 마디 할 것이다. 네가 두 마디 하면 동료도 두 마디 할 것이다. 혼자서 떠들어라. 둘이서, 셋이서 떠들어라. 마침내 고객들의 혼잡한 소리를 압도할 만큼 웃고 떠들어라.

틈만 나면, 모니터요원인 듯한 사람이 없으면 무조건 잡담을 해라. 일이 힘들다는 불만을 터뜨리고, 알바비가 아닌 월급이 적다고 불평하고, 주변 동료들이 힘들다고 말하면 말장단이라도 맞추어라. 집안에 힘든 일이 있다면 동료와 이야기하면서 풀어라. 관리자들이 힘들게 한다면 욕딕셔너리를 검색해 감각적으로 욕을 해라. 너는 세상 최고의 욕랩퍼가 되어 있을 것이다.

말을 하고 대화하고 욕해라. 그렇지 않으면 립서비스와 강요된 친절의 스트레스 때문에 석 달을 견디지 못할 것이다. 석 달을 넘기더라도 일 년을 채우지 못할 것이다. 말하지 않으면 스트레스가 언제 어디에서든 반드시 너를 쓰러뜨릴 것이다.

너를 살릴 수 있는 또 다른 방법도 있다. 마트 안에서 파는 물건들은 어차피 네 물건 아니다. 틈만 나면 서비스 상품을 손님들에게 나눠줘라. 네 돈 드는 것도 아니고, 네 물건 나가는 것도 아니다. 특히 사은품이라면 더더욱 풍성하게 나눠줘라. 동료들 중에 생필품이 부족하다면 사은품을 듬뿍 챙겨줘라. 동료들 중에 식료품이 모자라다면 신선식품이 상한 식품이라도 되는 양 바리바리 싸 주어라. 네가 인간임을 느낄 수 있을 것이다. '홍익인간'을 실천하는 당신은 단군의 진정한 자손이다.

네가 아는 친구가 손님으로 온다면 눈치껏 포인트를 두 배, 세 배로 적립해 줘라! 네 돈 나가는 것 아니다. 그것까지 검사하는 모니터 요원은 없을 것이다. 너는 주위 사람들과 더불어 사는 참다운 인류로 거듭날 것이다.

진상 떨어봐야
소용없다

대형할인마트에는 알바를 힘들게 하는 진상 손님들이 많다. 진상 떨면 원하는 것을 다 얻을 수 있다고 생각한다. 그래봐야 소용없다. 진상 떨어봤자 모든 것을 빨리빨리 처리하라고 닦달하는 빨리빨리형, 사사건건 트집을 잡는 트집형, 거드름 피거나 과시하길 좋아하는 거만형, 예스와 노를 분명히 요구하는 명령형에 지나지 않는다.

대형할인마트 매뉴얼에는 너희들과 같은 진상 손님을 응대하는 방법이 다 있다. 진상을 떨수록 너는 Special 진상 고객 리스트에 이름을 올릴 뿐이다. 대형할인마트에서 너무 지랄하지 마라. 제발, 제발 부탁이다. 입장과 동시에 '삐' 경보음이 울릴 것이다.

대형할인마트에서 힘들게 일하는 알바들을 열 받게 하지 마라. 온종일 물건 팔려고 떠들어봐라. 목이 터진다. 온종일 서 있어 봐라. 발이 퉁퉁 붓는다. 온종일 돈을 만져봐라. 손에서 돈 냄새가 난다. 온종일 주차 안내를 해봐라. 목이 칼칼해지다 못해 목소리가 갈라질 것이다. 입에서 침 대신 휘발유 냄새가 날 것이다. 온종일 짐을 나르고 상품을 진열해봐라. 허리가 후들거릴 것이다. 200만 원, 300만 원은 받아야 할 일을 110만 원이나 77만 원만 받고 일하는 현대판 서비스 노예들이다. 정말 힘들게 일하는 알바들이다. 제발 그들을 더 힘들게 하지 마라.

지상 최대의 지옥 알바
물류센터 알바

영원과 고통

　　　　　　　　　　　　　내린다, 내린다, 내린다, 내린다, 내린다, 내린다, 내린다, 내린다……. 그리고 또 내린다. 끝이 없다. 올린다, 올린다, 올린다, 올린다, 올린다, 올린다, 올린다, 올린다……. 그리고 또 올린다. 끝이 없다. 정말 간단한 일, 머리 쓸 일도 없고 생각할 겨를도 없는 정말 쉬운 일, 네 시간만 일하면 세상에서 가장 맛있게 느껴지는 밤참이 나오는 일, 그리고 다시 네 시간 동안 계속 내리거나 올리기만 하는 되는 일.

　물류센터 알바는 한 마디로 영원 노동이다. 컨베이어 벨트가 끽끽 소리를 내며 쉼 없이 돌아가는 네 시간. 내리고 내려도 한없이 달려오는 박스들, 올리고 올려도 계속 밀려오는 박스들. 그 네 시간이 지금껏 살아왔던 날들보다 더 오랜 시간처럼 느껴지는 일. 그렇기 때문에 그 네 시간이 영원처럼 느껴지고, 만약 살아서 나간다면 시간을 알차게 잘 쓸 수 있을 것 같은 일. 물류센터 알바는 한 마디로 참을 수 없는 고통이다.

손이 후들후들
팔뚝이 덜덜,
눈앞이 노래지고
별들이 보이고,
허리는 뻐근,
박스를 보면 무섭고
밤참을 먹다 너무 힘들어 토하기도 하고,
네 시간이 영원으로 느껴지고
컨베이어 벨트의 속도와 고통은 정비례하고,
더 일을 하다가는
더 일을 하다가는
죽어버릴 것 같은 고통이 느껴지는 일.
컨베이어 벨트가 죽음의 쇠사슬처럼 다가온다.

바위를 정상으로 밀어 올리고 내려오면 다시 밀어 올리는 시시포스처럼 물류센터 알바의 일은 영원의 노동이다. 산 정상에서 쇠사슬에 묶여 독수리에게 간을 쪼아 먹히는 아픔을 당하는 끝없는 고통의 노동이다.

절대 평등

　　　　　　　　　　물류센터는 절대 평등의 세상이다. 물류센터에서 20년 동안 하루도 빠지지 않고 뼈가 굵은 사람, 돈이 급하게 필요해 일주일째 일하는 대땅, 유흥비를 마련하려고 처음 일을 시작한 고삐리 모두 똑같은 돈을 받는다.

　20년 경력의 쉰 살 먹은 아저씨와 열여덟 살 고삐리, 등록금이 필요해 알바를 하는 대학생과 공부가 지겹도록 싫고 유흥비가 필요한 고삐리 모두 똑같이 일하고 똑같이 돈을 받는 절대 평등이다.

　물류센터 알바는 로마시대 농장 노예와 광산 노예, 미국의 들일 노예들처럼 모두 똑같은 대접을 받는다. 꼬챙이 하나만 들고 금을 캐던 노예, 거대한 플랜테이션 농장에서 포도를 따던 농장 노예, 끝이 보이지 않는 들에서 면화를 따던 들일 노예에게는 배움도 나이도 필요 없다. 주는 밥 먹고 생각도 하지 말고 무조건 죽어라 일만 하면 된다. 단순한 노동에는 무언가를 생각하게 만드는 배움도, 조금만 힘들면 쉬려고 드는 나이도 적다.

　절대 평등! 절대 좋은 말 아니다. 일이 그만큼 단순하고 아무나 할 수 있다는 것을 뜻한다. 물류센터 알바는 생각할 필요도 없고, 아무런 기술도 필요 없고, 오로지 주는 밥 먹고 박스를 들어 올리고 내릴 줄만 알면 된다. '힘이 자본인 곳!'

　생각해보라. 세상의 어느 일 치고 경력을 쳐주지 않고, 짬밥을 인정해 주지 않는가? 배우면 배운 것만큼 돈을 더 주지 않는 일이 세상에 어디 있는가? 하지만 물류센터 알바는 절대 아무것도 인정해주지 않는다. 왜 인정해주지 않는가? 힘만 있으면 누구나 할 수 있는 정말 단순한 일이기 때문이다.

알바계 쇼생크 탈출,
들일 노예 Ⅱ

물류센타 알바는 좆 나게 힘들다
는 것을, 세상에 이보다 육체적으로 힘든 일이 없다는 것을 잊지 마
라. 물류센터 알바는 인간이 할 수 있는 가장 최악의 힘든 일이다. 따
라서 들에서 일하는 노예보다 못하면 못했지 더 낫지 않다. 물류센
타 알바 경력자들은 거짓말 조금 보태 석 달이면 만리장성을 쌓을
수 있다고 허풍을 친다. 실제로 석 달이면 만리장성까지는 힘들어도
북한산성은 쌓을지도 모른다.

돈이 정말 필요해 큰맘 먹고 물류센터에서 알바를 해보라. 일을
시작한 지 몇 시간이 되지 않아 도망갈 마음이 생길 것이다. 화장실
을 간다며 도망갈 것이고, 잠시 짬날 때 슬며시 도망갈 것이고, 그래
도 살아남았다면 밤참 먹고 도망갈 것이다. 대부분의 물류센터는 아
주 외진 곳에 있다. 들어오고 나가는 차도 없어 도망을 칠 수도 없는
곳이다.

그런데도 초짜들은 그 외진 곳에서 탈출을 감행한다. 예전 들일
노예들은 뒤쫓아 오는 개와 총을 든 백인 사냥꾼을 두려워했다. 물
류센터 알바 도망병들은 그깟 일도 참지 못했다는 자괴감, 이것도
못 견디면 다른 일을 어떻게 할 수 있겠느냐는 패배감, 다른 사람은
다 하는데 왜 나만 못하느냐는 열등감이 평생 뒤쫓아 온다. 단 몇 시

간이기는 하지만 힘든 일을 했으므로 돈을 받아야 하는데도, 돈 받을 생각도 없이 도망을 간다. 돈 한 푼이 절실하게 필요한데도 도망을 간다. 노예가 전혀 없는 세상인데도 추노들을 두려워하는 게 물류센터 알바이다. 그만큼 힘든 곳이 물류센터 알바이다.

얼마나 힘든가? 운이 나빠 20킬로그램짜리 감자 박스를 1,000개 정도 계속 올려 보라. 운이 억세게 안 좋아 40킬로그램짜리 쌀 포대 2,000개를 쉬지 않고 계속 하차시켜 보라. 인생이 꼬일 대로 꼬이고 일진이 아주 사나운 날, 더구나 김장철이라 김장 박스를 3,000개가량 내려 보라. 아령과 역기, 타이어, 냉장고를 수없이 들고 내려 보라.

삼십 분이면 네 팔이 내 팔인지, 내 팔이 네 팔인지 구분이 안될 것이다. 한 시간이 지나면 온몸이 후들거리고 엄마가 생각날 것이다. 세 시간이 지나 옷을 벗어 짜면 소금물이 한 바가지는 나올 것이다. 네 시간이 지나 밤참을 먹을 때면 목이 메고 눈물이 나 아빠가 생각날 것이다. 처음 물류센터 일을 하는 알바라면 번 돈보다 파스비와 물리치료비가 더 많이 나올 것이다. 본전이 절로 생각날 것이다. 물류택배 알바를 하루 하고 나면, 그 다음 날 겨우 열에 하나 정도나 다시 일하러 나갈 것이다. 그들은 에너자이저 건전지, 충전된 진정한 에너자이저야.

물류센터는 무엇을 믿고 이렇게 일을 시키는가?

물류센터는 웬만한 외국인 이주 노동자들도 일을 하려 들지 않는다. 왜? 너무 힘들기 때문이다. 인간이 할 수 없는 일이기 때문이다. 그런데도 알바들이 넘쳐난다. 물류센터는 무엇을 믿고 이렇게 일을 시키는가?

네가 물류센터 알바를 하러 간다면, 너는 상대적으로 비싼 알바비에 현혹된 사람이다. 다른 알바에 비해 힘은 많이 들지만 상대적으로 알바비가 아주 센 것처럼 보이기 때문이다. 실제로 오고 가는 시간을 합해 하루 12시간 이상 일하는 것을 고려한다면 그렇게 비싼 알바비도 아니지만 고삐리가 받는 한 달 용돈과 비교한다면, 대학생이 천문학적인 등록금을 마련할 길이 없다면, 물류센터 알바는 마약만큼이나 유혹을 이기기 힘들다. 얼마나 힘든지 소문나 있지만, 알바들은 불빛을 찾아드는 불나방처럼 상대적으로 비싼 알바비에 현혹되어 물류센터의 불빛 속으로 뛰어든다.

물류센터는 그런 알바들 중 상당수가 채 몇 시간을 채우지도 못하고 도망갈 것을 알고 있지만 고민하지 않는다. 남은 일꾼들이 돈을 받기 위해서라도 남은 일을 다 처리한다는 것을 알고 있기 때문이다. 물류센터는 달아난 알바에게 돈을 주지 않기 때문에 일거양득이라는 점도 잘 알고 있다. 하루를 겨우 일했다 해도 다음날이면 대부분 나오지 않을 것도 예상한다. 하지만 물류센터는 그깟 일로 눈 하나 깜박하지 않는다. 상대적으로 비싸 보이는 알바비에 현혹된 새로운 알바들이 또 하루하루 빈자리를 채울 것이고, 그렇기 때문에 결국 물류센터의 불은 하루도 꺼지지 않을 것이기 때문이다. 알바 무한 리필의 생생한 현장이다.

물류센터는 여기 아니면 일할 수 없고, 돈 벌 수 없고, 먹고 살 수 없는 불쌍한 날품팔이들이 몰리는 곳이다. 또한 물류센터는 몸이 망가질 걸 뻔히 알면서도 돈이 너무 너무 절실하게 필요해서 제 발로 찾아오는 지옥이다. 물류센터는 막장 중의 막장이자 들일 노예나 다름없는 대접을 받는 곳인데도 사람들이 불나방처럼 모여드는, 하루도 쉬지 않고 불이 끓고 있는 '화탕지옥'이다.

불나방은 불이 좋아 불구덩이에 모여들지만 끝내 불길에 제 몸을 태우고 만다. 물류센터 알바도 상대적으로 비싼 돈에 현혹된 불나방이다. 인간이라면 도저히 할 수 없는 일을 하루나 이틀, 길게는 두 달이나 세 달 열심히 해서 돈을 벌 순 있다. 하지만 물류센터 알바를 계속할수록 몸은 하루가 다르게 망가진다. 마흔이 넘고 궂은 날이면 허리가 끊어질 듯 아프고 온몸이 쑤시게 된다. '돈탕지옥' 체험 후유증이다.

시간당 노동 강도와 대가를 생각하면 물류센터 알바는 절대 해서는 안 되는 일이다. 젊어서 그런 고생을 해보는 것도 좋은 경험이라는 말에 절대 속지 마라. 이 글을 읽었다면, 물류센터 알바 절대 가지 마라.

아무리 돈이 급하더라도 물류센터 알바들이여 하루나 이틀, 길게는 일주일만 일손을 멈추어라. 그래야 대기업들이 중간 용역 회사를 거치지 않고 직접 알바비를 줄 것이다. 그래야만 네가 받는 돈도 많아질 것이고, 일을 하다 다쳐도 산재처리를 해 줄 것이다.

택배
공화국

대한민국은 택배공화국이자 배달공화국이다. 거리를 둘러보라. 골목을 둘러보라. 생계형 폐지 수집

노인들이 점점 많아지고 있다. 폐지의 절반, 아니 절대량은 박스이
다. 박스는 택배가 많아지면서 생겨난 부산물이다. 이 박스들 중 물
류센터 알바의 손을 거치지 않은 박스는 없다.

택배로 배달하지 못하는 것은 없다. 쌀에서 냉장고까지, 생리대에
서 한겨울 코트까지, 콘돔에서 성생활용품까지, 생수에서 김치까지,
나사에서 기계부품까지 모든 것을 다 배달하는 것이 택배이다. 이
모든 물건을 싸는 박스는 전부 다 물류센터 알바의 손을 거친다.

공화국이란 무엇인가? 가진 자와 가지지 못한 자로 이루어진 국
가이다. 공화국 안에서 가지지 못한 자는 가진 자에게 노동을 팔아
푼돈을 번다. 반면, 가진 자는 가지지 못한 자에게 노동을 팔게 해주
고 떼돈을 번다. 가지지 못한 자는 가진 자에게 떼돈을 벌게 해주면
서도 아쉬운 소리를 해야 하고, 가진 자는 가지지 못한 자에게 열심
히 일하지 않아서 가난한 거라고 훈계를 한다. 공화국은 가진 자가
가지지 못한 자 덕분에 떼돈을 벌면서도 가지지 못한 자에게 큰소리
치는 국가이다. 빈말로 가르치고 유혹하는 '空話國'이다.

택배공화국이란 무엇인가? 가지지 못한 자인 물류센터 알바와 택
배기사가 열심히 일하고 푼돈을 받는 반면, 가진 자인 택배 회사는
물류센터 알바와 택배기사 덕분에 떼돈을 버는 국가이다. 물류센터
알바와 택배기사가 1분 1초를 다투며 일을 해 푼돈을 버는 반면, 택
배회사는 유통만 담당하면서 떼돈을 버는 국가이다. 택배 주문이 많
을수록, 택배를 많이 보낼수록 택배 회사는 부자가 되고 물류택배
알바와 택배기사는 힘이 드는 국가이다.

음지에서 일하고
무명이지만

예전 안기부는 음지에서 일하고 양지를 지양한다고 했다. 현재 국정원은 자유와 진리를 향한 무명의 헌신을 지향한다. 물류센터 알바도 예전 안기부 직원들처럼 음지에서 일한다. 아무도 알아주지 않는, 인적도 드물고 차도 들어오지 않는 곳에서 남들 다 잠든 밤에 일하기 때문이다. 또한 물류택배 알바는 국정원 직원들처럼 무명의 헌신을 아끼지 않는다. 어느 누구도 내가 받은 택배 물건이 어느 물류택배 알바의 손을 거쳐 상차되었는지 하차되었는지 모르기 때문이다.

그렇다. 물류센터 알바는 음지이자 무명이다. 그렇기 때문에 물류센터는 양지와 유명에만 영향을 주는 법의 혜택이 미칠 수 없는 성역이다. 물류센터는 평생 들을 욕을 잘해도 듣고 못해도 듣는, 욕설이 난무하는 곳이다. 하루 일하고 힘들어서 그만두면 하루 치 시급도 주지 않는 곳이다. 그렇기 때문에 법의 보호를 받지 못한다는 점에서 과거 들일 노예나 마찬가지인 것이다.

하지만 힘이 들수록 따뜻한 인간애는 피어나기 마련이다. 그런 곳일수록 서로 마음을 보듬어 주고, 격려해주고, 모자란 힘을 보태주는 따뜻한 정이 흐르기 마련이다. 천금 같은 쉬는 시간에 잠시 건네는 말 한마디 정말 따뜻하고 고맙다.

"대학생이제? 공부 열심히 해가지고 니는 꼭 이런 데 오지 마라."
"안 춥나? 귀 떨어지것제?"

"사범대 댕긴다 했제…… 꼭 선생 되그라. 알겠나. 선생 되가꼬 술 한잔 사도."

너에게 잔소리하며 욕하는 사람들도 알고 보면 하루하루 힘들게 일하는 사람들이다. 이삼 년 먼저 일을 시작하고도 너와 똑같은 일 당을 받는 사람들이다. 미워하지 마라. 네가 일이 서툰 만큼 그 사람 들이 더 힘들게 일하기 때문이다. 고마운 마음을 가져라. 휴식시간 에 삼삼오오 둘러앉아 하루도 빠지지 않고 열심히 일하고 성실하게 사는데도 왜 이렇게 다들 생활이 힘들고 어려운지 함께 이야기를 나 누어라. 그것이 진정 '체험, 삶의 현장'이다.

현실과 환상의 경계에서
놀이공원 알바

웃음
노동

에버랜드이든 롯데월드이든, 아니면 작은 놀이공원에서든 알바를 하고 있는가? 그렇다면 그것은 배우 노동임을 잊지 마라. 배우 중에서도 슬픔과 고통을 연기하는 배우가 아니라 항상 웃음을 연기하는 희극배우임을 잊지 마라.

놀이공원은 공원 자체가 하나의 무대이다. 그곳에서 일을 하는 직원이나 알바는 캐스트, 즉 배우이다. 모든 행동 하나하나가 다 연출된 것이다. 그것도 놀이공원을 찾는 고객들, 다시 말하면 관객들에게 기쁨을 주기 위해 웃음을 선물하는 캐스트여야만 한다. 그렇기 때문에 슬퍼도 웃고, 힘들어도 웃고, 더러워도 웃고, 무조건 웃어야 한다.

엄마나 아빠의 갑작스런 사망 소식을 듣고 옷을 갈아입으러 가는 중에도 관객들을 향해 웃어야 한다. 몸이 너무 아파 눈물이 날 정도로 힘이 들어도 환호하는 어린이 고객들을 향해 웃어야 한다. "공부를 안 하면 나중에 저렇게 동물 탈 뒤집어쓰고 일해야 한다"라는 소리를 듣고 기분이 더러워도 웃어야 한다.

미스유니버스처럼 환하게 웃어라.
미스코리아처럼 밝게 웃어라.
피에로처럼 처량한 듯 웃어라.
그것도 안 되면 입을 수술한 〈배트맨〉의 조커처럼
억지웃음이라도 지어라.

알바를 하면서 '외로워도 슬퍼도 나는 안 울어. 참고 참고 또 참지 울긴 왜 울어, 웃으면서 달려보자' 에버랜드, '웃으면서 달려보자' 롯데월드를 주문처럼 외워야 한다. 그래야 견딜 수 있기 때문이다.

놀이기구를 담당하든, 쓰레기를 줍든, 티켓을 끊어주고 손목에 자유이용권을 붙여주든 놀이공원 알바라면 네 기분과 관계없이 환상, 꿈, 상상, 즐거움, 말초적 쾌락을 찾아온 고객을 위해 방긋방긋 웃는 배우임을 잊지 마라. 놀이공원 알바는 첫째도, 둘째도, 셋째도 웃음을 파는 노동이다. 놀이공원 알바는 즐겁지 않아도 즐거운 척, 기쁘지 않아도 기쁜 척, 무지하게 지루해도 재밌는 척 해야 하는 억지웃음을 파는 노동이다.

환상에
속지 마라

　　　　　　　　놀이공원 알바는 어릴 적 로망이
자 환상을 실현시켜주는 알바이다. 어릴 적 엄마와 아빠 또는 어린
이집 선생님들의 손을 잡고 놀이공원에 갔을 때 마치 동화 속 꿈나
라에 들어온 듯한 느낌을 가졌을 것이다. 조금 커서는 '친구들과 놀
이공원에서 먹고 싶은 것 마음껏 사 먹고, 타고 싶은 놀이 기구 신
나게 타면서 평생 이곳에서 살 수 있다면 얼마나 좋을까'라고 생각
했을 것이다. 그 때문에 놀이공원 알바를 한다면, 그 환상에 절대 속
지 마라. 환상은 환상일 뿐이고, 현실은 현실이다. 피터 팬처럼 어른
이 되기 싫어 신나게 놀며 즐길 수 있는 놀이공원 알바를 하고 있다
고 스스로 위안을 삼을는지 모르지만, 정작 너는 돈을 벌기 위해 고
객들을 즐겁게 해주는 알바에 지나지 않을 뿐이다. 현실에서 필요한
돈이 현실 세상과 단절된 환상의 놀이공원에 너를 집어 던져 넣었을
뿐이다.

　숙식을 제공하는 놀이공원 알바는 환상이다. 일하면 돈도 주고,
게다가 먹여주고 재워준다! 출퇴근 때문에 고생하지 않아도 된다니,
이 얼마나 꿈에 그리던 알바인가? 지방 출신인 네가 그곳에서 숙식
을 해결하는가? 그렇다면 하루 8시간이 아니라 24시간 내내 노동하
는 것임을 잊지 마라. 8시간 노동한 뒤 나머지 16시간을 그 외진 놀
이공원에서 탈출하지 못하고 갇혀 있는 것과 다름없기 때문이다.

　놀이공원에서 숙식을 하면서 출퇴근 피로와 시간을 줄여서 어디
에 사용하겠는가? 놀이공원의 입장에선 당연히 말초적 쾌락을 찾는

놀이공원 고객을 위해 네가 더욱 질 좋은 웃음을 선사하도록 유도하는 게 목적일 것이다. 따라서 너는 8시간 알바비를 받으면서 24시간 내내 노동을 하는 것과 마찬가지임을 잊지 마라.

　단순하게 생각하면 숙식을 제공하는 놀이공원 알바는 정말 환상적이다. 번 돈 고스란히 저축할 수 있으니 다른 알바에 비해 등록금 마련, 카메라 구입, 해외여행 경비 마련이라는 꿈을 한층 더 빨리 실현할 수 있지 않겠는가! 하지만 착각하지 마라. 일과가 끝나면 무엇을 하겠는가? 네 명이 머무는 기숙사에서 조용히 앉아 책을 보면서 미래를 설계할 수 있을 것 같은가? 며칠 동안? 일주일? 보름? 그 시간이 길어질수록 너는 점점 왕따가 될 것이다.

　사흘이 지나지 않아 같이 머무는 알바들과 낮의 노고를 잊기 위해 술의 신 바커스의 도움을 받을 것이다. 하루가 멀다 하고 피로를 잊기 위해 술을 마실 것이다. 놀이공원은 숙식을 제공하지만 술을 주지는 않는다. 그 결과 네가 한 달 내내 웃음을 판 노동의 대가로 벌어들인 돈은 고스란히 기숙사 내 어느 가게의 돈통 안에 들어가 있을 것이다. 어쩌면 너는 석 달, 넉 달 넘게 일하고도 놀이공원을 나오는 순간 개털이 되어 있을지도 모른다.

**반값 표에
속지마라**

　　　　　　　두 달 동안 웃음 노동 알바를 해보라. 자유이용권 반값 할인권 수십 장을 줄 것이다. 그보다 더 오래 알바를 하면 자유이용권을 줄 것이다. 심지어 면접에서 떨어져도 자유이용권 두 장을 줄 것이다. 여기에 절대 속지 마라.

이삼십 장을 만약 너 혼자, 아니면 네 이성 친구와 함께 다 사용한다고 생각해보라. 반값 할인권이라고 이게 웬 떡이냐 하고 생각할 수도 있겠지만 그거야말로 네가 번 돈을 놀이공원에 다시 갖다 바치는 일이다. 네가 이용하는 횟수만큼 50퍼센트의 돈은 내야 할 것이고, 간식과 음료수도 사먹을 것이기 때문이다. 결국 네가 번 돈은 고스란히 다시 놀이공원으로 들어갈 것이다.

친구들에게 나눠줘 그들이 자유이용권 반값 할인권을 사용한다면 너는 놀이공원 삐끼가 된 것이나 다름없다. 비록 네 돈을 사용하지는 않지만, 친구들의 호주머니와 지갑에서 그만큼의 돈이 놀이공원으로 흘러들어가기 때문이다.

세상에 공짜 없다. 자유이용권 반값 할인권은 네가 두 달 동안 웃음을 팔면서 번 돈을 다시 거두어들이려는 고도의 노림수이다. 두 달 이상 된 알바에게 지급되는 자유이용권 반값 할인권은 혜택이 아니다. 알바를 두 달 이상 근무시키기 위한 얄팍한 미끼일 뿐이다. 신용카드를 사용하는가? 그럼 알아보라. 반값 할인권은 신용카드 소지자라면 누구나 받을 수 있는 평범한 혜택에 지나지 않는다. 한마디로 너는 놀이공원에 낚인 것이다.

무료로 나눠주는 자유이용권에도 현혹되지 마라. 네가 4개월 일한 것에 비하면, 8개월 또는 11개월 일한 것에 비하면 새 발의 피다. 네가 그곳에서 일하는 동안 쓴 돈도 자유이용권의 액수보다 많으면 많았지 적지는 않을 것이다. 게다가 매일 지겹게 일한 곳에서 놀이기구를 타 봐야 얼마나 즐겁고 신이 나겠는가! 그나마 네 주변 사람들에게 나눠줘 인심을 얻을 수는 있을 것이다.

절대 나서지
마라!

놀이공원 알바들이여! 절대 몸 조심해라. 놀이공원에서는 사고가 났다 하면 대형사고이다. 놀이공원을 재미있게, 신나게 만드는 방법은 간단하다. 빠른 속도와 완급 조절! 위험 상황 연출! 높낮이 급속 조절! 비현실성! 완급을 조절하지 못하면, 연출된 위험 상황을 통제하지 못하면, 높은 곳에서 낮은 곳으로 내려와야 할 때 멈추어 서면, 비현실이 현실이 되면, 다시 말하면 귀신이라도 나올 듯한 깜깜한 곳에 빛이 들어온다면 대형사고, 그것도 초대형사고가 난다. 이때 알바는 절대 나서서는 안 된다. 직원들이 독촉하며 현장에 투입하더라도 절대 나서서는 안 된다.

캐스트 교육을 받았던 대로 그냥 웃어라!

직원들이 화를 내도

미스유니버스처럼 우아하게 웃어라.

고객들이 위험 상황에 처해도

미스코리아처럼 화사하게 웃어라.

손님들이 떨어져도

피에로처럼 애처롭게 웃기만 해라.

진상 손님들이 죽어나가도

배트맨의 조커처럼 냉소적으로 웃어라.

직원들이 개지랄을 떨며 사고 현장으로 밀어붙여도

웃음만 지을 줄 아는 희극배우답게

그저 웃기만 하라.

왜 그래야 하는가? 놀이공원 사고는 무조건 대형사고이기 때문이다. 알바가 사고를 처리하다 죽는다고 해도 놀이공원 측은 절대 신경 쓰지 않기 때문이다. 알바가 사고를 처리하다 크게 다쳐도 손님들 눈치를 보느라 119를 부르지 않을지도 모르기 때문이다. 사고를 처리하는 알바의 죽음마저도 무대 위에서 죽음 연기를 하는 배우인 것처럼 처리하기 때문이다. 놀이공원에 온 손님들은 알바의 죽음을 보고도 손님들을 즐겁게 해주기 위한 각본에 따른 행동이라 여길 것이기 때문이다. 언제나 'On-Air'로 착각할 것이다.

그렇기 때문에 알바는 절대 위험을 감수해서는 안 된다. 책임을 맡고 있는 정식 직원이 버젓이 있는데도 알바인 네가 위험을 감수하지는 마라. 놀이공원은 네가 위험한 일을 스스로 자초한 것처럼 처리할지도 모른다. 보상은 더더욱 기대하지도 마라. 신문이나 텔레비전, 인터넷 뉴스를 보라. 한두 번 속냐? 놀이공원 한쪽에서 사고가 나고 알바가 죽어나가도, 다른 한쪽은 여전히 화사한 웃음만 터져 나온다. 네가 죽었는데도 사람들이 너의 죽음을 슬퍼하지 않고 한쪽에서 웃고 있다면 비참하지 않겠는가? 그것이 개죽음 아니고 무엇이겠는가.

그러니 사고가 나면 절대 나서지 마라. 우선 네 몸부터 챙겨라. 네가 영웅적인 행동을 한다 해도, 너를 리틀 히어로(LITTLE HERO)로 기억하지 않는다. 알바하면서 제발 몸 한 군데도 다치지 마라. 까놓고 말해 놀이공원에서 알바를 하는 네가 몸 빼고 나면 가진 것이 무엇이 있는가?

유사 베이글녀에
속지 마라!

키가 작아도 우리 아이들만은 꼭 태워달라는 아빠님,
아이사랑 모드를 초강력 슈퍼울트라파워로 발산하는 엄마님,
몸무게가 비록 130킬로그램이지만 다른 사람이랑 합하면 평균이니까
태워달라고 애원하는 약간 귀엽게 뚱뚱하신 훈남님,
허리가 39인치보다 아주 쬐금 굵지만
배를 조금만 집어넣으면 38인치도 안 된다고 우기시는 훈녀님,
허리가 굵은 것이 아니라 가슴이 G컵이기 때문이라며
애교를 떠는 슈도(pseudo) 베이글녀님.
네가 놀이공원 알바라면 이런 고객들에게 절대 지지 마라.

이런 손님들은 하나같이 사고 나면 내가 책임질 테니 걱정 말라고 한다. 하지만 사고가 나봐라. 이런 님들은 하나같이 알바 네가 규정을 어기고 태워주었다고 덤터기를 씌울 것이다. 과정이 어찌되었건

사고가 나면 알바 네 책임이다. 정해진 규정에서 조금이라도 벗어나면 절대 태우지 마라.

아이들을 데리고 온 놀이공원 고객들이여! 웃음으로 고객을 맞이하는 알바에게 말을 함부로 하지 마라. 휴지 줍고 껌 떼어내는 알바, 무더운 날 동물 탈이나 인형 탈을 쓴 알바를 가리키며 "공부 안 하면 너도 커서 저런 일 한다!"라는 말, 아이들에게 하지 마라. 하루 종일 거짓 웃음이라도 지어야 하는 알바들 맘에 커다란 상처가 남는다. 놀이공원 알바는 자녀교육을 위해 몰염치한 말 마구 쏘아대도 되는 총알받이가 아니다.

참! 놀이공원에서 알바를 해도 탈을 쓰는 알바는 절대 하지 마라. 특히 더운 여름철에는 죽는다, 죽어!!!

쾌락을 도와드립니다
피시방 알바 피돌이

쾌락 도우미

피시방 알바는 쾌락 도우미라는 사실을 잊어서는 안 된다. 초땡이 학원을 땡땡이 치고 떼거지로 피시방에 쳐들어온다. 엄마의 눈을 피해 게임을 하면서 공부의 중압감에서 벗어나 말초적 쾌락을 얻기 위해서다. 중땡이나 고땡이 수업을 땡땡이 치고 피시방에 온다. 담탱이의 눈을 피해 잠시나마 해방감을 누리기 위해서다. 삼사십대 폐인이 피시방을 들락거린다. 하늘보다 무서운 마눌님의 감시를 피해 마눌님과는 누릴 수 없는 또 다른 쾌락을 스무 시간이고 마흔 시간이고 지속시키기 위함이다. 오륙십대 기원파 어르신들이 피시방에 왕림하신다. 마누라, 며느리, 자식, 손주 모두에게서 벗어나 온라인 바

둑이나 두면서 조용히 쾌락을 만끽하기 위해서다.

한두 달 잠자지 않고 게임을 하는 폐인이든, 한두 시간 즐기는 초 땡이든 그 시간만큼은 최고의 쾌락이 끊이지 않고 지속되길 원한다. 조루가 아닌 지속 가능한 쾌락을 보장하기 위해 피시방 피돌이나 피 순이들은 겨우 최저시급을 받으면서 해야 할 일이 무척이나 많다.

컴퓨터와 관련해서는 스피커, 모니터, 프린터, 헤드폰, 마이크 등 의 관리와 게임 로그온, 바이러스 걸린 하드웨어 체크 및 기초적인 컴퓨터 수리는 물론이고 비밀번호 잊어버린 어르신 손님 수발까지 해야 한다. 청소와 관련해서는 바닥 쓸고 닦기는 기본이고 가래침 뱉은 재떨이도 비워야 하고, 그릇이며 컵이며 곳곳에 버려진 음식물 포장지와 쓰레기도 치워야 한다. 예비 파출부가 따로 없다. 추가 서 비스 하나 더! 술 처먹고 오바이트한 화장실도 치워야 하고, 오줌 잘 못 조준해 질질 흘려 냄새 나면 그것도 청소!!

그 외의 서비스로는 게임에 몰두한 폐인들의 담배 심부름, 어르신 들의 커피와 차 심부름, 컵라면과 불벅 데워주기 등이 있다. 게다가 틈틈이 감시하는 노동도 추가! 게임 실컷 하고 돈을 내지 않고 튀려 는 먹튀도 감시해야 하고, 손님들이 딴짓하지 않나 틈틈이 모니터를 통해 관찰하고 순찰도 한다.

최소한 알바가 이 정도 일을 처리해야만 고객이 집에서는 누릴 수 없는 쾌락을 피시방에서 편하게 누릴 수 있다. 이 정도 일을 동시 에 처리할 수 있는 피시방 알바는 서비스 맨 중에서도 최고의 서비 스 맨! 슈퍼맨도 울고 갈 서비스 맨!! 이 정도 능력을 갖춘 쾌락 도우 미가 있으면 나와 보라고 그래!!!

피돌이의 서비스는
항상 형편없다?

　　　　　　　피시방 알바는 서비스에 항상 최선을 다해야 한다. 최선을 다하지 않으면 피시방은 원활하게 돌아갈 수 없다. 그래서 피시방이 문을 닫지 않고 정상적인 운영을 하고 있다면 그 피시방 알바는 최선을 다하고 있는 것이라고 간주하면 된다. 하지만 피시방 알바의 서비스에 만족하는 사람은 거의 없다.

　전국 방방곡곡에서 열심히 쾌락 도우미 노동을 하는 피시방 알바는 무진장 억울할지도 모른다. 하지만 서비스에 만족하지 못하는 진짜 이유가 따로 있다. 피시방 이용비가 너무 비싸기 때문이다. 아니 한 시간 실컷 놀고, 즐기고, 쾌락을 누리는 데 겨우 1,000원, 심지어는 5~600원인데 뭐가 비싸다며 볼멘소리를 하냐고 항의하는 사람이 있을지도 모르겠다. 하지만 조금만 더 생각해봐라.

　초띵이 한 시간 즐기기 위해 피시방 이용료 1,000원에다 컵라면이나 불벅을 먹고 음료수를 먹는다고 생각해보라. 초띵의 용돈에 비해 한 시간 말초적 쾌락을 즐기기 위해 너무 많은 돈이 든다고 생각되지 않는가? 대여섯 명의 아이들이 어울려 노래방에 가는 것과 비교해보라. 손님이 없는 낮에는 두어 시간 덤도 주는 노래방 주인의 센스까지 고려해보라. 피시방 이용료가 얼마나 비싼지 짐작이 갈 것이다.

　폐인이 열흘 정도 피시방에서 살았다고 생각해보라. 피시방 이용료만 24만 원이다. 게임에 몰두한 폐인들이 대부분 그렇듯이 열흘 내내 컵라면만 먹고, 게임이 잘 되지 않으면 줄담배를 피웠다고 해

보자. 게다가 돈 한 푼 벌지 못하고, 마누라에게 돈을 타다 쓴다고 생각해보라. 얼마나 큰돈이겠는가. 기원비가 아까워 기원을 가지 않는 어르신들에게 한 시간 1,000원은 어떤 돈이겠는가? 게다가 담배도 피고 출출하면 컵라면도 하나 먹는다고 생각해보라. 자식들이나 며느리에게 눈치 보며 용돈을 받는다면, 손자 손녀보다 더 적은 용돈을 쓴다면 피시방비가 얼마나 큰돈이겠는가.

피시방에서 사용하는 비용은 돈 버는 사람에게는 적은 돈이지만 타다 쓰거나 벌지 못하는 사람에게는 어마어마하게 큰돈이다. 고객의 입장에서는 피시방 이용료가 큰돈이기 때문에 그만큼 확실한 서비스를 원한다. 마치 6성급 호텔에나 온 듯, 유명 레스토랑에라도 온 듯 최고의 서비스를 원한다. 그렇기 때문에 그릇과 종이컵에 가래침을 아무렇지도 않게 뱉고, 피순이가 읍내 다방 미스 김이라도 되는 양 일회용 커피는 꼭 공손히 갖다 바치길 원한다. 마우스나 키보드가 맘에 안 들면 다짜고짜 고함을 치고, 메뚜기처럼 모든 자리를 다 돌아다녀 봐야 직성이 풀린다.

자, 쥐꼬리보다 적은 돈을 받으며 근근이 근면 성실함을 유지하는 피시방 알바들이여! 당신의 서비스에 만족하지 못하고 사사건건 트집을 잡는 고액 지출 고객들이 있다면 그들에게 어떤 대접을 할 것인가? 뭐 별로 어려운 일은 아니다. 그들이 하는 것처럼 커피나 라면에 가끔 침이나 가래침을 뱉어줘라! 게임에 빠져 있으면 아무것도 모른다. 그들이 하는 것처럼 커피나 라면에 담뱃재를 슬며시 풀어줘라. 전투가 한창이면, 라면이나 커피에 새로운 향신료라도 타준 줄로 알 것이다.

샤일록과
빅 브라더

피시방 주인은 쫀쫀하기가 아기 코에 들어 있는 코딱지 같다. 쪼잔하기는 밴댕이 소갈머리이고, 인색하기는 베니스의 상인 샤일록 같은 놈들이다. 샤일록? 돈 좀 빚졌다고, 제때 갚지 못한다고 심장 쪽의 생살 1파운드를 떼어달라는 놈이다.

피시방 주인은 대개 직장에 다니면서 투잡을 하거나 부모 잘 만난 놈들이다. 피시방 주인은 피시방을 열면서 많은 돈을 들인다. 그런데 버는 방법은 단 한 가지! 고객들의 컴퓨터 사용시간만큼만 번다. 그래서 24시간 내내 주구장창 하루도 쉬지 않고 컴퓨터를 돌리고 돌리고 또 돌린다.

추석도 설도 휴일도 없고, 5분을 초과하든 10분을 더 이용하든 100원이라도 더 받으려고 한다. "백 원이 누구 집 개 이름이냐? 오백 원이 뉘 집 자식 이름이냐?"라며 '반올림 전문가'를 표방한다. 오로지 1분 1초라도 컴퓨터를 돌려 정말 푼돈이라도 더 버는 것이 피시방 주인! 오로지 약숫물 모아 태평양을 좌우명으로 삼고 있는 피시방 주인!!

피시방 주인의 돈 버는 방법은 여러 가지이다. 컵라면 죽어라고 팔고, 정체불명의 햄버거인 불벅을 어린이들에게 죽어라고 먹이기! 알바비는 뒈지게 적게 주면서도 며칠, 심지어는 한 달씩 늦춰주기! 두 명이 할 일을 알바 한 명이 하게 만들기! 게다가 8시간, 10시간, 12시간 서비스에 과로를 일삼는 알바가 먹는 컵라면도 아까워 돈

내고 먹게 하기! 그것도 원가가 아닌 고객들이 사먹는 판매가로! 게다가 게임 실컷 하고 돈 안 내고 먹고 튀는 놈들이 이용한 피시방 이용료가 얼마이든 관리 소홀을 핑계로 알바들에게 삥 뜯어내기!

피시방 주인은 출근하지 않는 것도 장기! 카운터에 CCTV 설치해 놓고 집에서 지 할일 하면서 알바들 감시하기! 직장 다니면서 감시하기! 다른 피시방 또 벌여놓고 감시하기! CCTV는 감시하지 않으면서도 감시하는 효과가 나니 정말 효과 만점! 피시방 알바는 CCTV 무서워서 정말 꼼짝없이 일만 할 수밖에 없는 신세! 판매가로 컵라면 먹으면서 빈 배를 채울 때 정말 서럽고 정말 더럽다, 더러워!!

진상 주인
약올려주기!

주인이 너무 알바비를 적게 주는가? 알바비를 떼어 먹으려고 하는가? 먹튀비까지 다 받으려고 하는가? 정말 쪼잔하게 컵라면을 판매가로 먹으라고 하는가? 주인이 정말 더럽고 치사한가?

걱정하지 마라! 다 방법이 있다.

라면을 끓여달라는 손님이 있으면 최대한 맛있게 끓여줘라. 그리고 인증샷, 거기다 며칠인지 기록해둬라. 틈만 나면 그렇게 해라. 그리고 그만둔 후에 구청 식품위생과에 신고해라. 라면을 끓여주는 것은 식품위생법상 조리행위에 속한다. 컵라면이라면 가져다주는 것도 인증샷! 허가를 받지 않고 조리해 가져다주는 것도 불법이다. 처벌을 받지 않는다 해도 공무원이 들락날락한다면 무척 괴로울 것이다.

그래도 억울한가? 그렇다면 야간 알바 시 "밤 10시가 되면 청소년은 피시방을 이용하실 수 없습니다"라는 멘트가 나간 후 청소년 인증샷! 10시 이후에 나가지 않는 청소년들이 반드시 있게 마련이다. 어릴수록 더 좋다. 물론 시간도 기록해두고! 그리고 청소년의 안녕과 건강을 위해서 신고 정신을 발휘해 신고에 또 신고! 단, 네가 알바를 그만두고 꽤 시간이 지난 뒤에 신고해라. 그래야 누가 한 건지 몰라 뒤탈이 없다. 넌 대한민국 파릇파릇한 어린이들의 진정한 보호자이며 우리 시대의 진솔한 목격자이다.

일을 하면서도 주인에게 앙갚음하는 방법이 있다. 한여름이면 에어컨을 있는 대로 빵빵하게 틀어라! 내복에 손난로까지 준비해서라도. 한겨울이면 히터를 최대한 높이 올려라! 아이스박스에 얼음을 채워 발을 담굴 정도로.

그래도 분이 풀리지 않는가? 피시방에 오는 손님들 중에서 좋은 손님은 있게 마련이다. 예를 들어 하루 벌어 하루 먹고 사는 일용직 아저씨들, 집에 돈 보내고 남으면 잠깐씩 놀러와 피로를 푸는 그분들 중에서도 "힘들지? 끼니도 제대로 못 먹을 텐데……" 하며 밥을 시켜주고 "열심히 공부해! 그래야 우리처럼 안 되지!" 격려성 멘트를 날려 주시는 분. 비 오고 궂은 날 그런 분이 오신다면 라면을 미리 사와 끓여 드리고, 추가 시간도 듬뿍 넣어 드려라. 네 분은 풀리지 않겠지만, 그래도 마음이 따뜻해지며 행복할 것이다. 테레사 수녀님의 나눔정신을 온누리에 퍼뜨려라.

네 건강을
챙겨라

　　　　　　　　　피시방 알바들이여! 앞으로 피시방에서 알바를 할 분들이여! 네 건강 네가 먼저 챙겨라!!

　피시방은 어떤 곳인가? 지하, 어두컴컴한 조명, 환기 불가, 냄새를 없애기 위한 방향제 만땅, 온종일 뿌연 담배 연기와 간접흡연, 최고의 서비스를 원하는 고객들의 요구에 따른 스트레스, 나이도 어린 연놈들의 반말, 구역질나게 만드는 가래침과 취객들의 말도 안 되는 요구, 십여 명씩 몰려드는 초글링(초등학생+개떼처럼 몰려드는 저글링의 합성어)의 러쉬, 땀 냄새를 넘어 쉰내 나는 폐인, 폐인을 넘어 신비한 냄새를 풍기는 훼인……, 게다가 저임금! 더구나 야간이라면?

　너는 한 달이 지나지 않아 폐가 문드러지는 느낌이 들 것이다. 석 달이 지나지 않아 우울증이 생길 것이다. 너에게 필요한 것은 상쾌하고 맑은 공기, 밝은 햇살이다. 아무도 네 건강 챙겨주지 않는다. 네 건강 반드시 네가 챙겨라. 더구나 근무 시간이 야간이라면 너의 건강은 더욱 심각하게 무너질 것이다. 반드시 건강 잃지 않도록 해라.

　혹시나 해서 한 마디 더! 도박을 하는 피시방에서 알바를 하지 마라. 설사 알바비를 두 배, 세 배, 다섯 배 더 쳐준다 해도 절대 하지 마라. 만약 적발되면 너도 도박 방조 혐의로 입건될 뿐만 아니라 아주 거액의 벌금도 물어야 한다. '알바 한탕주의'야말로 너를 진정으로 망칠 것이다.

네 몸을 판 대가로 유흥업소 주인과 보도방 실장이 먹고 산다는 것을 잊지 마라. 개무시도, 멸시도, 비아냥과 냉소도 참고 넘겨서는 안 된다. 유흥업소 주인과 보도방 실장은 네가 번 돈을 뜯어먹는 하이에나 같은 놈들이다. 하이에나는 비굴하다. 네가 조금만 강하게 나가면 너의 비위를 맞추려고 슬슬 눈치를 볼 것이다.

3장

ㄱㄱ

콜? 콜! 콜록

기대와 불안의 엇갈림
임상시험 알바

**공포와의
싸움**

　　　　　　　　　　임상시험 알바의 가장 큰 적은 불안과 공포다. 막상 알바 하는 날이 되어 병원으로 가는 길, 버스나 지하철에서 내려 병원까지 걸어가는 동안 알바를 하겠다고 용감하게 결정을 내렸던 네 호기는 점점 사라질 것이고, 병원에 가까워질수록 심장에서는 경운기 발동 거는 소리가 들리며 공포감이 커질 것이다. 심하면 귀까지 먹먹해질 것이다.

　돈 때문에 임상시험 알바 지원했다가 큰일 생기지 않을까 하는 불안감은 주사기를 통해 피가 빠져나가는 순간, 약을 먹는 순간 사라질 것이다. '이젠 되돌릴 수 없잖아!'라는 자포자기의 심정과 '편하게 짧은 시간 일하고 큰돈 벌어 좋잖아!'라는 위안감이 너를 편안하게 해줄 것이다. 득도가 바로 이것이다.

하지만 시간이 흐르면서 불안감은 또 다시 스멀스멀 피어오를 것이다. 몸에 갑자기 이유를 알 수 없는 증상이 생긴다면 공포와 불안감이 너의 맘속에서 슬며시 꼬리를 들 것이다. 결혼을 했는데도 아이가 안 생긴다든지, 갑자기 원인을 알 수 없는 두통이 생긴다든지, 아니면 갑자기 심장이 심하게 뛰기라도 한다면 처음에는 가능한 모든 원인을 찾아볼 것이다. 그러나 찾다 찾다 원인을 못 찾으면 이십대에 임상시험 알바를 할 때 무심코 흘려들었던 임상시험 후유증에 관한 언질이 짧은 순간 뇌리를 스칠 것이다. 그리고 공포가 언덕에서 구르는 눈덩이처럼 커져갈 것이다.

임상시험 알바는
고액이다?

임상시험 알바는 짧은 시간에 상대적으로 편안하게 큰돈을 벌 수 있다. 이유는 간단하다. 평생 겪을 불안감에 대한 보상이기 때문이다. 위험할수록, 건강을 해칠 가능성이 클수록 네가 받는 대가는 커진다. 그 말은 곧 받은 돈이 많을수록 네가 평생 안고 살아가야 하는 불안감과 공포 또한 커진다는 뜻이다. 위험이 덜할수록, 건강을 해칠 가능성이 낮을수록 네가 받는 돈은 줄어들고, 그만큼 공포와 불안감도 적어진다.

하지만 몸에 이유를 알 수 없는 작은 병이라도 생긴다면 돈을 많이 받았든 적게 받았든 불안감과 공포는 언제든지 너를 공격할 것이다. 평생 이 불안감은 너를 따라다닐 것이다. 따라서 짧은 시간에 힘들이지 않고 많은 돈을 번다는 것은 불안에 대한 대가이지 노동에 대한 대가가 아님을 명심하라.

카피 약을 실험하는 제약회사가 너에게 상대적으로 높은 비용을 지불하는 이유는 아주 간단하다. 네가 건강하기 때문이다. 단순히 젊다는 이유 말고도 큰 병을 앓은 적 없고, 약을 먹은 적도 없고, 그렇기 때문에 약의 효과가 쉽게 나타나기 때문이다. 임상시험에서 네가 받는 돈은 다름 아닌 네 건강을 파는 것이다. 따라서 아무리 많이 받아도 그 돈은 고액이 아님을 명심해라.

약함과
강함

옛날 강함의 증거는 힘과 무력이었다. 힘과 무력을 가지고 있으면 하고 싶은 일을 언제든지 할 수 있고, 얻고 싶은 것을 무엇이든지 얻을 수 있었다. 그런 사람이 강한 자였다. 오늘날 강함의 증거는 돈이다. 돈이 많으면 하고 싶은 일을 언제든지 할 수 있고, 얻고 싶은 것을 무엇이든지 얻을 수 있다. 21세기 현재는 돈이 있으면 강한 자이고 돈이 없으면 약한 자이다.

강한 자는 자기가 하고 싶은 일을 큰 수고를 들이지 않고 할 수 있는 사람을 말한다. 부모가 대학 등록금을 마련해 주는가? 네가 필요로 하는 학원을 다니기 위해 학원비를 어렵지 않게 타낼 수 있는가?

네가 사고 싶은 물건을 언제든지 살 수 있는가? 그렇다면 너는 진정으로 파워풀한 강한 자이다.

반면에 약한 자는 등록금과 학원비, 그리고 사고 싶은 물건을 항상 힘들여 어렵게 구한다. 네가 임상시험 알바로 이런 돈을 구한다면, 바로 약자 중에서도 최악의 약자라는 증거이다. 대학 등록금이 꼭 필요한데 네게 돈이 없다면 너는 더 약한 존재일 것이다. 네가 하루하루 생존을 위해 단기 고액 알바인 임상시험에 참여한다면, 너는 피를 팔아먹고 사는 정말 피나는 인생일 것이다.

임상시험 알바의 팔구십 퍼센트가 가난한 대학생이라는 사실을 보라. 카피 약 임상시험의 팔구십 퍼센트가 가난한 대학생들을 노리고 방학 동안 집중적으로 행해지는 것을 보라. 임상시험 알바는 옛소설의 주인공처럼 매혈로 하루하루를 힘들게 연명하는 인생과 별반 다를 바 없다는 사실을 잊지 마라.

실험용
흰쥐

카피 약 임상시험 알바에 지원한다면, 실험용 흰쥐가 되겠다고 자원하는 거나 마찬가지이다. 단, 너는 신약을 실험하는 검은 쥐는 아니다. 검은 쥐는 암과 같은 큰 병이 들었는데 치료비용이 없거나, 더는 손쓸 방도가 없을 때 신약실험에 참가하는 것을 말한다.

검은 쥐에 비해 흰쥐가 더 나은 상태임에는 틀림없다. 하지만 실

험자는 통제를 가할 수 있는 권력을 갖고, 임상시험 알바는 통제당하는 위치에 처한다는 점에서 별로 다를 것이 없다. 제약회사는 네 몸을 실험대 삼아 이윤을 얻고 싶어 한다. 그렇기 때문에 원하는 결과를 얻기 위해 네 자유의지를 철저히 통제한다.

인간을 실험용 쥐에 비유한다고 기분 나빠하지 마라. 실험용 쥐는 조그만 실험용 박스에 갇혀 아무것도 뜻하는 대로 할 수 없다. 먹는 것도, 잠자는 시간도 맘대로 하지 못한다. 임상시험 알바를 한다면 너 또한 실험용 흰쥐와 마찬가지로 실험자가 시키는 대로 해야만 한다. 정해진 시간에 식사를 해야 하고, 술을 마셔서도 안 된다. 심지어 물을 마음대로 마셔서도 안 되고, 화장실도 마음대로 가서는 안 된다. 물론 담배도 절대 피워서는 안 된다. 약을 먹거나 피 뽑을 시간이 되면 네 의지와 무관하게 기계적으로 줄을 서야 하고, 마치 마루타라도 된 듯이 네 몸에 끝없는 가학을 해도 너는 저항해선 안 된다. 아마 10시면 잠자리에 들어야 하고 6시나 7시에 일어나야 할 것이다. 이제까지 살아오면서 이렇게 금욕적이고 절제된 생활을 해본 적이 있는가? 허허!!

네가 실험용 흰쥐라는 것은 남아도는 시간에서도 나타난다. 임상시험 알바는 실험기간 동안 할 일이 아무것도 없다. 시간이 철철 남아돈다. 그런 탓에 임상시험 알바 지원자 대부분은 책을 가지고 가서 공부를 하겠다고 마음먹는다. 하지만 대단한 독종이 아니라면 2박 3일 동안 시간이 남아돌아도 공부를 할 수 없다. 공부에는 인간의 의지가 필요한데 실험용 흰쥐에게 그런 의지가 있을 리 없다. 남고 남아 주체할 수 없는 시간을 컴퓨터 게임과 멍하니 텔레비전 바라보는 일로 낭비한다. 흰쥐가 되는 순간, 모든 것을 통제하는 권력에 자신의 의지를 저당 잡히기 때문이다.

임상시험 알바는
알바가 아니다

임상 실험 알바를 지칭하는 명칭은 여러 가지이다. 청년의 열정과 호기심을 자극하는 언론은 이색체험 알바로 부른다. 가난한 대학생을 자극하는 선정적인 언론은 짧은 시간 큰돈을 벌 수 있는 단기 고액 알바라고 호들갑을 떤다. 현실을 비판하며 청년들의 애처로운 현실에 눈길을 주는 언론은 마루타 알바라고 비아냥댄다. 임상시험 알바를 거래하는 곳에서는 생명을 다루는 의학을 상업화해서 메디 알바라는 고상한 명칭을 부여한다.

편의점 알바, 노래방 알바, 고깃집 알바, 패스트푸드점 알바, 배달 알바 등 대부분의 알바는 단 한 가지 명칭만 붙는다. 그러나 임상시험 알바는 저마다 다르게 부른다. 왜 그런가? 그 이유는 명칭이 확정되지 않았기 때문이 아니라 알바가 아니기 때문이다.

알바는 한 마디로 파트타임으로 노동을 파는 것이다. 손으로 하는 노동이든 머리로 하는 노동이든 노동을 파는 것이다. 알바를 하고 나면 피곤하다고 여기는 것은 정해진 시간 동안 노동을 했기 때문이다.

그런데 임상시험 알바는 노동을 파는 것이 아니다. 정말 특이하게도 건강을 새로운 약과 바꾸고, 무엇이든지 할 수 있는 청년의 건강한 의지를 주사기로 무력화시키는 것이다. 너무나 슬프게도 건강한 몸과 활발한 의지를 제약회사와 병원에 판매하는 것이다. 이렇듯 건강과 자유의지를 파는 행위를 엄밀하게 말해 노동을 파는 알바라고 할 수가 없다.

약을 개발하는 제약회사도 많아지고, 이를 임상시험하는 병원도 많아지고, 청년이 임상시험을 좋은 돈벌이로 여겨 지원자가 몰리는 비참한 현실. 대학을 다니려면 등록금은 필요하고, 통신비도 내야하고, 나중에 취직을 하려면 학원도 다녀야 하는데 돈이 없어 임상시험 알바를 할 수밖에 없는 청년의 현실. 이보다 더한 막장 세상, 막장 현실이 어디에 있는가?

이것만은
꼭 지켜라!

우리가 먹는 약 중에 임상시험을 거치지 않은 약은 없다. 임상시험에 참여한다는 것은 물론 큰돈을 벌기 위한 것이다. 하지만 임상시험 알바는 돈과 무관하게 임상시험을 통해 사회의 공익에 기여하는 숭고한 행위이다. 임상시험 알바는 많은 사람들이 치료약을 값싸게 먹을 수 있도록 해주는 고상한 행위이다. 그렇기 때문에 임상시험에 지원해 짧은 시간에 돈을 버는 것이 그리 나쁘기만 한 것은 아니다. 하지만 임상시험 알바를 할 때 반드시 지켜야 할 것이 있다.

첫째, 어떤 경우에도 임상시험 알바를 하는 네 몸이 사회의 이익보다 우선이라는 것을 잊지 마라. 실험하다 이상이 오면, 제발 돈 때문에 건강을 해치지 말고 당장 그만둬라. 목돈 만지려다 평생 후회가 남을 수도 있다. 목돈을 받았다 해도 나중에 상한 몸 추스르려고 그 돈 다 날릴 수 있다. 따지고 보면 얼마 안 되는 목돈 때문에 평생 불안감을 친구로 삼을 필요는 없다.

둘째, 중간에 그만두었어도 반드시 돈을 받도록 해라. 짧은 시간 아무런 일도 안 하고 돈을 번다는 죄의식 때문에 돈을 달라고 요구하지 못하는 어리석은 행동은 절대 하지 마라. 네가 참여한 만큼의 돈을 달라고 해라. 병원은 반드시 네가 시험에 참가한 시간만큼 돈을 지불한다는 규정을 마련해 놓았을 것이다. 그렇게 해놓지 않았을 경우, 식품의약품안전청에 신고를 해라. 반드시 돈을 받을 수 있을 것이다.

셋째, 임상시험에 참가하겠다고 사인을 할 때 큰 병이 생겼을 경우 보험이나 기타 치료에 관한 사항이 있는지 반드시 확인해라. 아무리 실험을 거친 좋은 약이라 할지라도 네 몸과 맞지 않는 경우는 얼마든지 있을 수 있다. 그 시험 때문에 네 몸이 망가진다면 너는 어떤 경우에든 최상의 치료를 받을 권리가 있다. 네 몸은 네가 지켜야 한다. 거듭 말하지만 네가 임상시험에 참여하여 돈을 만지는 것은 평생의 불안을 담보로 한 것이다. 그 불안이 현실화 될 때 너를 보호할 수 있는 최소한의 보험을 반드시 가지고 있어야 한다. 그 보험은 다름 아닌 네가 사인한 바로 그 서류이다. 평생 보관하고, 문제가 생기면 반드시 최상의 치료를 받아라.

그날 밤 노래방 앞에서
유흥업소 알바

욕망이 있는 곳에
금지가 있다

노래 부르는 요정, 밤이면 예쁘게 화장을 하고 피어나는 빨간 장미, 웃음 얹어 몸을 파는 멋진 눈. 그들을 향해 몸을 파는 더러운 년이라고 비웃고, 법으로 처벌하라며 궐기대회를 여는 자들이 있다. 자기들도 틈만 나면 노래방에서 아가씨들을 부르고, 1종 유흥업소에서 아무런 거리낌 없이 여성을 사면서 말이다. 그들은 몸을 파는 것이 미친 짓이고 나쁜 짓이기 때문에 법으로 금지해야 한다고 말한다. 이 법을 어기면 부도덕하고 타락하는 것이라고 얼치기 성직자 흉내를 낸다.

달이 지면 해가 뜨고, 해가 지면 달이 뜬다. 이것은 진리다. 이런 진리를 미친 듯이 진리라고 떠드는 사람은 없다. 진리는 애써 강조하지 않아도 진리이기 때문이다. 진리가 아닐수록 진리라고 강변하는 것이 인간의 못된 습성이다. 유흥업소 알바를 일컬어 나쁜 놈, 미친 놈, 법으로 금지해야할 놈이라고 강변하는 것은 진리가 아니기 때문이다.

유흥업소는 욕망과 욕망이 서로 도우며 상생하는 성적 판타지 공간이다. 한쪽에는 몸을 팔아서라도 돈을 벌지 않으면 안 되는 생존욕망이 있다. 다른 한쪽에는 술을 마시며 여자라면 사족을 못 쓰고 껄떡대는 성적 욕망이 있다. 한쪽은 돈을 내고, 한쪽은 돈을 받는다. 그러면서 그들은 서로 돕고 상생한다.

불구덩이에 손을 넣지 말라는 금지의 법은 없다. 목이 마르면 물을 마시라는 생명의 법도 없다. 자연이 명하는 것은 누가 법으로 정하지 않더라도 잘 지켜지기 때문이다. 유흥업소에는 몸을 팔아서라도 삶을 유지하고자 하는 생명의 욕망을 금지하는 법이 있고, 해소하지 않으면 터져버릴 수밖에 없는 성적 욕망을 억압하는 법도 있다. 그 때문에 유흥업소는 불법이라고 말한다. 맞다. 나라가 정한 법에 따르면 불법이기 때문이다. 하지만 틀렸다. 욕망을 금지하지 않는 자연의 순리에 따르면 절대 불법이 아니기 때문이다.

유흥업소 도우미는 국가의 법을 고의로 어기고 파괴하는 투사이다. 유흥업소 도우미는 자연의 법을 숭상하고, 사람들이 서로 도우며 살아야 한다는 것을 몸으로 실천하는 박애주의자이다. 하지만 이런 것을 몰라도 누구라도 유흥업소 도우미를 할 수 있다. 숨 쉬기 위해 숨 쉬는 방법을 의식하는가? 의식하는 순간 사레 걸려 기침을 해

댈 것이다. 걷기 위해 걷는 방법을 생각하는가? 생각하는 순간 발이 꼬여 넘어지기 십상이다. 유흥업소 도우미는 돈을 벌기 위해 일만 하면 된다. 그러다 보면 자기도 모르게 법을 파괴하고, 이웃을 돕는 박애주의자가 된다.

미치도록
벌고 싶은 돈

유흥업소 도우미의 목표는 단기 간에 최대한 돈을 많이 버는 것이다. 목표를 하루라도 빨리 달성하 기 위해서 가장 먼저 사람들이 도우미를 부르는 이유를 정확하게 파 악해야 한다.

마음 한 구석이 빈 것 같아 도우미를 불렀다면,

"오빠 많이 외로우신가 봐요?" 하며 가볍게 스킨십을 해줘라.

무척 피곤한 얼굴로 일에 치어 도우미를 불렀다면,

"오빠, 일이 많이 힘드신가 봐요?" 하며 안아주어라.

호기심을 충족하기 위해 도우미를 불렀다면,

엉덩이로 거시기를 살며시 비벼줘라.

엔조이를 하기 위해 유흥업소를 돌아다니는 탕돌이라면,

다짜고짜 거시기부터 한 번 꽉 잡아주고 시작해라.

그러면 정규 수입에 덧붙어 촉촉한 팁을 만지게 될 것이다.

원하는 것을 조금씩, 아주 쪼금씩 감질나게 충족시켜줘라.

그러면 너의 가슴 안쪽에 파란 배춧잎들이 무럭무럭 자라날 것이다.

유흥업소 주인님들의 주인은
바로 도우미이다

유흥업소 도우미로 돈을 벌고 있다면, 네가 돈을 벌어 유흥업소 주인들과 보도방 실장들을 먹여 살린다는 것을 잊지 마라. 계약에 빗대어 말하면, 네가 갑이고 유흥업소 주인과 보도방 실장이 을이다.

대개 알바와 주인의 관계는 주인이 갑이고 알바가 을이다. 주인이 공간과 물건을 소유하고, 알바에게 일을 시켜 벌어들인 수익을 나누어 준다. 그렇지만 유흥업소 알바는 다르다. 주인이 공간과 물건(술 등)을 소유한 것은 맞지만 도우미가 없으면 그 공간과 물건은 커다란 수익을 남기지 못하는 평범한 상품에 불과하다. 같은 공간과 물건이지만 도우미가 접대하는 과정에서 서너 배에서 수십 배의 이익을 남기는 황금 도깨비방망이가 된다.

유흥업소 도우미인 네가 갑이기 때문에 힘들면 쉬어도 된다. 갑자기 급전이 필요하면 고민할 필요없이 빌려 달라고 말해도 된다. 지치면 사장이나 실장에게 강짜를 부려도 된다. 그래도 너를 함부로 대하지 못할 것이다. 네 몸이 도우미로 활용되지 못하면 수입이 확 줄어들기 때문이다. 특히 네가 늘씬한 몸매와 예쁜 얼굴을 지니고 있다면 더더욱 너에게 꼼짝 못할 것이다.

네 몸을 판 대가로 유흥업소 주인과 보도방 실장이 먹고 산다는

것을 잊지 마라. 개무시도, 멸시도, 비아냥과 냉소도 참고 넘겨서는 안 된다. 유흥업소 주인과 보도방 실장은 네가 번 돈을 뜯어먹는 하이에나 같은 놈들이다. 하이에나는 비굴하다. 네가 조금만 강하게 나가면 너의 비위를 맞추려고 슬슬 눈치를 볼 것이다.

영혼을 팔지는
않는다

모든 노동은 노동 시간을 팔고, 몸을 팔고, 영혼마저도 판다. 직땡은 과중한 업무 때문에 힘든 것이 아니라 일하는 동안 몸만이 아니라 영혼마저 팔 것을 강요받기 때문에 괴로운 거다. 직땡은 사장과 상사의 비위를 맞추고, 동료와 경쟁을 하고, 간부들의 눈초리를 신경 써야 하기 때문에 스트레스를 받는다. 직땡은 일 때문이 아니라 마음이 불편해서 졸라 힘들다. 직땡은 살아남기 위해, 알량한 월급을 받기 위해 영혼까지도 팔아야 한다. 영혼을 팔지 않는 직땡은 곧 쫓겨난다. 알바도 직땡과 마찬가지로 영혼을 팔아야 한다.

유흥업소 도우미는 몸만 팔뿐 영혼을 팔진 않는다. 유흥업소 도우미는 계약한 시간 동안 같이 즐기면 될 뿐이다. 같이 술을 마시고 숨 넘어갈 듯이 몸을 섞지만, 계약 시간이 지나면 그것으로 끝이다. 더 이상의 어떤 기대도 없다. 주어진 시간 동안 성실하게 엔조이하면 될 뿐이다. 다른 손님이 오면 또 정해진 시간 동안 엔조이하면 될 뿐이다.

진상,
개진상들

가장 징그러운 진상은 사귀자는 손님들이다. 그들은 순진남이다. 그들은 세상 물정 하나도 모르고, 이런 신기한 세계가 있다는 것에 깜짝 놀란다. 그들은 생전 처음 사랑에 빠진 사람처럼 도우미에게 모든 것을 바칠 듯이 행동한다. 그들은 떨리는 목소리로 유흥업소 알바에게 "사랑한다!"라고 고백한다. 도우미를 껴안고 여성을 생전 처음 안아본 듯 부르르 몸을 떤다. 이런 진상들은 너에게 몸을 팔라고 요구하지 않는다. 그 대신 "사랑을 하자"라고, 영혼을 팔 것을 요구한다.

유흥업소 도우미들이여, 이런 진상들에게 속지 마라. 네가 번 돈을 한 번에 날릴 수도 있다. 네 몸, 네가 돈을 벌 수 있는 유일한 수단을 돈 한 푼 받지 못하고 공짜로 상납할 수 있다. 그런 놈들과 결혼? 절대 있을 수 없다. 결혼을 해도 행복할 수 없다. 네 과거를 끊임없이 문제 삼을 것이기 때문이다. 신파조 사랑은 이주일과 심순애, 로미오와 줄리엣으로 끝났다.

이런 진상들이 사귀자고 하면, "어깨 오빠들한테 혼나!" 한 마디만 해라. 그리고 "너 다음에 오면 오빠들한테 맞는다!"라고 해라. 그런 진상들은 대부분 겁쟁이라 다시는 기웃거리지 않을 것이다.

두 번째 진상은 먹물, 꼰대, 성직자와 같은 위선자들이다. 그들은 술도 더럽게 처먹는 돼지들이다. 그들은 자위행위를 하면서 상상했던 모든 걸 시도해보는 변태들이자 파렴치한들이다. 그들은 팁도 거의 주지 않는 몰염치한 새끼들이다. 그들은 실컷 즐기고 또 즐기는 색광들이다. 그들은 제 볼일이 끝나면 "이렇게 살면 안 된다"라고 훈계까지 늘어놓는 개나리님들이다.

그런 놈들에게는 일이 끝난 뒤 눈물을 훔치면서 조용히 한 마디 해라. "고시공부 하는 동생 학비를 벌려면 어쩔 수 없어요!" "엄마 병원비가 너무 많이 들어서……." 콧물 핑! 조금 숙연해진다 싶으면 "내일 에이즈 검사 결과 나오는 날인가?"라며 손가락을 꼽아보라. 혼비백산해 달아날 것이다. 두고두고 불안감에 떨 것이다.

알바인가
직업인가

네가 유흥업소 도우미를 하고 있다면 직업인가 알바인가 결정해야 한다. 학비가 필요해서, 물건을 사고 싶어서, 생계를 위해서 아주 짧은 기간만 일을 한다면 알바이다. 빨리 목표한 금액만큼 돈을 벌고 일을 그만 둘 수 있다면, 네가 그만두고 싶을 때 언제든지 그만 둘 수 있다면 알바이다.

그만두고 싶어도 그만두지 못하게 만드는 강제가 있다면 직업이다. 이 일로 계속 돈을 벌고자 마음먹는다면 직업이다. 그만두었다가도 돈이 필요해 이 일을 반복한다면 직업이다. 쌓인 먼지와 퀴퀴한 곰팡이 냄새가 정겨우면 직업이다. 전날의 구토 흔적과 바람이 통하지 않는 지하 업소의 찌든 술 냄새가 싫지 않다면 직업이다. 전날의 폭음과 격한 몸부림이 빚어낸 몽롱한 몸 상태를 한 달이고 일 년이고 충분히 견뎌낼 수 있다면 직업이다.

알바로 시작했다면 알바로 끝내는 것이 좋다. 추락하는 것은 날개가 없다. 절벽에 떠 있는 순간은 하늘을 나는 쾌감을 느낄 수 있지만, 그것은 아주 잠시! 반드시 추락한다. 땅 끝으로 직행하는 고속철도에 오른 것이다. 어느 화창한 봄날 오후 진하게 화장을 하면서, 유흥업소 도우미가 직업으로 굳어진 너의 모습을 거울을 통해 확인할 수 있을 것이다. 날개가 있어도 추락할 가능성이 다분한 게 바로 유흥업소 도우미이다.

시작은 미약하였으나
재택 알바

한심한
신세

젊은 시절 번 돈을 술값과 유흥비로 다 날려 후회스러운가? 친구들은 큰돈을 벌고 있는데 쥐꼬리만 한 월급을 받고 사느라 불안한가? 애들은 커가고, 돈은 점점 더 많이 들고, 그래서 앞으로 어떻게 될지 몰라 불안한가? 과거는 후회! 현재는 불안!! 미래는 불확실!!! 그래서 네 꼬락서니가 한심한가? 이런 것들 때문에 돈을 더 벌고 싶은가? 그렇다면 너는 직업을 가지고 있으면서도 퇴근한 뒤 돈을 벌 수 있는 투잡을 원할 것이다.

지금 집에서 아이를 키우면서 시간이 남는가? 틈만 나면 친구들과 전화를 하면서 일을 하고 싶은 욕심이 불끈불끈 솟아오르는가?

갓 돌이 지난 아이를 키우면서 분유값이라도 벌고 싶은 마음이 굴뚝 같은가? 네 꼬락서니가 처량한가? 그렇다면 너는 전업 주부이면서도 집에서 알바를 할 수 있는 재택 알바를 원할 것이다.

학교를 다니는데 용돈이 부족한가? 집에 손을 내밀기는 싫지만 통신비나 친구들이랑 같이 놀 돈이 필요한가? 힘든 일은 하기 싫지만 돈은 벌어야 하는가? 그래서 이러지도 저러지도 못하는 네 신세가 우울한가? 그렇다면 너는 공부하면서, 놀면서, 쉬면서, 즐겁게 인터넷을 사용하면서 돈을 벌 수 있는 인터넷 알바를 원할 것이다.

직장인에게는 투잡, 전업 주부에게는 재택 알바, 대학생에게는 인터넷 알바라는 세 얼굴을 가진 재택 알바! 자투리 시간을 사용하는 데 비해 보수가 많다는 재택 알바! 옛날에 재택 알바에 뛰어들었다면, 지금 재택 알바를 찾고 있다면, 앞으로 재택 알바에 뛰어들 생각이라면, 너는 좋든 싫든 한심한 네 신세에서 탈출하고 싶은 욕망이 충만한 사람이다.

허황한
욕심과의 싸움

재택 알바를 하여 용돈을 벌고 싶은가? 아이를 키우면서, 직장을 다니면서, 틈틈이 하루에 두 시간씩 일해 한 달에 70만 원, 아니면 150만 원 또는 200만 원을 벌고 싶은가? 한 달에 60시간을 일하면서 시간당 약 11,666원, 25,000원, 33,333원을 벌고 싶은가? 하루 두 시간이 아니라 네 시간, 여섯 시간을 일하면 그 두 배, 세 배의 수입을 올릴 수 있을 거라 생각하는가? 어릴 적 들었던 이야기처럼 달걀을 팔아 닭을 사고, 닭을 팔아 돼지를 사고, 돼지를 팔아 소를 사고, 마침내 소가 수십 마리나 되는 농장을 갖게 될 거라고 생각하는가?

만약 이것들이 가능하다고 철석같이 믿는 사람이 있다면, 일거리를 주려는 사람도 그를 황당하고 미덥지 못한 사람이라고 생각할 것이다. 혹시 네가 이런 일을 한다고 주변에 떠들고 다닌다면 너 역시 모자란 놈으로 취급을 받을 것이다.

만약 재택 알바로 떼돈을 벌겠다고 꿈꾸는 사람이 있다면 아마도 그는 "바람을 먹고 구름 똥을 싸겠다"라는 직장인이거나, 아이도 못 낳으면서 "밤마다 태몽을 꾼다"는 가정주부, 아니면 "엄마가 시집오는 것을 보았다"라고 주장하는 대학생일 것이다.

꿈 깨라! 그렇게 돈을 벌 수 있다면 누군들 그런 알바 안 하겠는가! 재택 알바로 돈을 벌겠다는 것은 네 마음속 허황된 욕심과의 싸움이다. 재택 알바를 통해 미래를 준비하고, 아이 분유값을 벌고, 용돈을 마련하겠다는 것은 하늘의 별을 따는 것과 마찬가지다.

똥
밟았다

재택 알바에 대한 비난 글을 인터넷에 올려보라. 순식간에 재택 알바를 찬양하는 수없이 많은 댓글들이 올라올 것이다. 재택 알바를 비판할 수도 없다. 핏대를 세우는

거머리들 때문이다. 줄기차게 돈을 벌지 못한 건 열심히 홍보하지 않은 네 잘못이고, 홍보의 ㅎ자도 모르는 네 잘못이며, 돈을 편하게 벌려는 네 심보가 문제라고 거머리들은 주장한다.

재택 알바를 비난해서도 안 된다. 악다구니를 쓰는 회사 때문이다. 네가 재택 알바를 한 경험담과 경제적 손실을 상세히 적어 온라인에 올리면 얼마 안 있어 삭제를 당할 것이다. 회사 이미지 실추를 빌미로 포털사이트 운영진에게 압력을 넣기 때문이다.

재택 알바는 비판할 수도 없고 비난할 수도 없기 때문에 성역이다. 그렇기 때문에 재택 알바를 하면 갑자기 큰돈을 벌 것 같은, 적어도 집안 살림에 도움이 되거나 용돈은 벌 것 같은 환상에 빠진다. 하지만 그렇게 해서 돈을 벌기는 쉽지 않다. 재택 알바를 원하는 다른 사람을 물귀신처럼 끌어들였을 때만 가능하기 때문이다.

하지만 재택 알바로 돈을 벌려는 사람은 그렇게 많지 않다. 재택 알바로 돈을 번다는 것은 허황된 꿈으로 끝난다는 걸 많은 사람들이 자각하고 있기 때문이다. 재택 알바 실패담이 공공연하게 퍼져 있기 때문이다.

그래도 재택 알바를 하겠는가? 성공한다면 말 그대로 금상첨화이다. 집에서 일하고, 남는 자투리 시간을 활용하고, 내가 하고 싶을 때만 일해도 되고, 게다가 수익도 좋고, 실적은 나날이 하루가 다르게 쌓이고……

실패하였는가? 그렇다면 돈을 벌 수 있다는 투잡의 환상은 사라지고, 핸드폰 액세서리나 비즈 공예품 등 팔지 못한 물건과 앞으로 갚아야 할 소소한 지불 대금이 남을 것이다. 실패하였는가? 그렇다면 아기 분유값을 벌겠다는 희망은 사라지고, 부부싸움이 남아 있을 것이다. 실패하였는가? 그렇다면 앞으로 한 학기 더 휴학을 해야 한다는 강박감이 머리를 짓누를 것이다. 한마디로 꿈에서 똥을 보고, 길을 가다 똥 밟았다는 생각이 들 것이다.

그렇다. 재택 알바에 실패하면 돈을 벌지 못한다는 자책은 더 커질 것이고, 현재의 삶은 더 팍팍해지고, 미래는 훨씬 더 불안해질 것이다. 재택 알바로 돈을 벌겠다는 희망 자체를 버려라.

말발이
있다면

재택 알바로 돈을 벌겠다는 사람은 "시작은 미약하였으나 나중에 창대하리라" 하고 꿈꿀 것이다. 하지만 현실은 "시작은 미약하였으나 나중에 크게 후회하리라"이다. 실패를 해도, 사기를 당한 것 같아도 어디에 하소연 할 데도 없다. 네 손으로 계약서를 썼기 때문이다. 게다가 손해를 본 돈이 그리 크지 않아서 하소연하기도 민망하기 때문이다. 그런 꾐에 빠져 큰돈을 벌려 한 허황된 인간이라는 것을 보여주고 싶지도 않기 때문이다.

그래도 재택 알바를 하고 싶은가? 물론 가뭄에 콩 나듯 성공하는 사람도 있다. 말발이 있고 다른 사람을 잘 설득할 수 있다면, 게다가 글도 멋들어지게 쓸 수 있다면, 정말 성실하게 하루도 쉬지 않고 홍보를 한다면…… 그러면 반드시 성공할 것이다. 네가 이런 능력을

가지고 있는 사람인가? 그렇다면 재택 알바가 아닌 다른 어떤 일을
하더라도 반드시 성공할 것이다.

도저히 풀 수 없는 문제 하나를 내줘라. 당연히 못 풀 것이다. 타고난 공부 재능이 있어서가 아니라 돈으로 쌓은 실력이기 때문이다. 그러면 "네 실력으로 인 서울은 불가능하겠다!"라고 고개를 저으며 아주 불쌍한 듯이 쳐다보아라. "넌 나 아니면 인 서울은커녕 인 경기도도 안 될 것 같은데……"라고 혼잣말을 내뱉어라. 못 들은 것 같으면 한 번 더 해도 좋다.

4장

날고 날고 피나는 으악새

성적과 집안을 팝니다

과외 알바

일반적인
부모 대처법

모든 대학생이 선호하는 알바의 꽃, 과외! 짧은 시간 일하고 비교적 센 알바비를 받는 과외. 한 달 16시간을 가르치고 30만 원을 받는다면 시간당 18,750원! 한 달 18시간 일하고 40만 원을 받는다면 시간당 25,000원을 받는 고액 알바!! 두 탕만 뛴다면 한 달 60만 원에서 80만 원, 세 탕을 뛴다면 90만 원에서 120만 원을 버는 고액 알바!!!

과외 알바가 학생의 부모를 대할 때 꼭 가져야 할 마음가짐이 있다. 바로 얼마 전까지만 해도 배우는 입장이었지만 이제는 가르치는 입장이라는 자존심이 그것이다. 네가 자존심을 가지고 있지 않으면 부모는 너를 선생으로 보지 않고 우습게 대할 것이다. 네가 자부심을 갖지 않으면 부모는 아이를 곧 다른 알바에게 맡길 것이다. 네가 학생이기는 하지만 비교적 편하게 큰돈을 벌고 있다는 허풍선이 자만심이라도 가지고 있지 않으면 부모의 사소한 지적질도 견디지 못하고 곧 과외를 그만둘 것이다. 따라서 과외를 하는 알바라면 자씨 삼형제, 자존심과 자부심과 자만심을 반드시 가져야 한다.

과외를 받는 학생의 부모를 대할 때 네가 가르치는 사람이라는 것을 잊어서는 안 된다. 네가 선생님이고, 네가 대하는 사람은 배우는 학생의 부모이다. 네가 아무리 어려도 부모는 너를 선생님이라고 부를 수밖에 없다. 아이를 가르치는 대가로 부모가 돈을 주기는 하지만, 그래도 학생을 맡기는 약자일 수밖에 없다.

아이에 대해 부모에게 이야기할 때, 가르치는 선생의 입장에서 "나 아니면 절대 아이의 성적을 올릴 수 없다"라고 호언장담하라. 가르치는 선생의 입장에서 다른 알바에게 맡기는 순간 아이의 인생은 끝장난다고 반협박을 해도 좋다. 부모는 약자이기 때문에 너를 다른 사람으로 바꾸려하다가도 심각한 고민에 빠질 수밖에 없다. 부모는 자식을 맡긴 애처로운 학부모에 지나지 않는다. 가르치는 아이가 공부를 못하면 못할수록 부모는 더 애처로울 수밖에 없다. 과외 알바는 부모의 이런 심리를 잘 이용해야 한다.

단, 아이 칭찬을 절대 잊어서는 안 된다. 틈만 나면 무조건 아이를 칭찬해라. 세상 어느 부모치고 제 자식 못났다고 말하거나 욕하는 걸 좋아하는 사람 없다. 아이가 앞에 있으면 무조건 더 칭찬해라. 그 칭찬 덕분에 간혹 아이 성적이 올라가는 경우도 있다. 그러면 네 실력과 무관하게 잘 가르친다는 소문이 나고, 학생들이 줄을 설 것이다.

부모를 이렇게 나누어
대하라

네가 과외를 한다면 부모가 무엇을 원하는지 정확하게 파악하고 그에 맞게 대처해라. 네가 아무리 노력해도 부모의 성향을 정확히 파악하지 못하면, 네 과외 생명은 서너 달을 넘기지 못할 것이다.

우선, 성적연연형 부모이다. 이런 부모는 자식의 성적이 오르면 과외를 지속하지만, 행여라도 성적이 떨어지면 네 과외는 거미줄에 걸린 파리 신세가 된다. 성적연연형 부모는 성적이 오르는 것을 지상 최대의 과제로 삼는다. 따라서 너는 어떤 수를 쓰더라도 성적을 올려주어야 한다.

너도 공부를 해봐서 알겠지만, 성적이 오르고 내리는 것은 선생의 능력이 아니라 학생의 성실성과 노력 여하에 달려 있다. 네가 아무리 잘 가르친다 할지라도 학생이 따라주지 않으면 아무 소용이 없다.

성적연연형 부모를 대할 때는 이중 전략을 택해야 한다. 우선 긍정적인 전략이다. 당장 다음 시험에 성적이 떨어질 게 어느 정도 예상되더라도 무조건 성적이 오른다는 확신을 심어줘라. 그리고 매일매일 무엇을 하고 있는지, 숙제를 얼마큼 내주고 체크하는지 끊임없

이 부모에게 주지시켜라. 그러면 부모는 성적이 떨어진다 할지라도 네 잘못이 아니라고 생각할 것이다.

다음은 부정적인 전략이다. 네가 열심히 가르치고 있지만 아이가 잘 따르지 않는다고 구시렁거려라. 숙제를 내주면 해놓지 않고 수업 시간에 딴짓을 한다며 부모에게 따끔하게 혼을 내주라고 말해라. 이 경우도 성적이 떨어진다면 부모는 네 잘못이 아니라 아이나 자신의 잘못이 크다고 생각할 것이다. 그러면 네 과외 기간이 적어도 다음 시험 때까지는 연장될 것이다.

두 번째는, 자기 맘 편안형 부모이다. 이런 부모는 자식의 성적이 오르고 내리는 것을 중요하게 생각지 않는다. 다만 자기가 경제적으로 어려운데도 돈을 처발라가며 과외를 시키고 있다고 맘 편안해 하는 형이다. 이런 유형의 부모를 만난다면 학생의 성적을 올리는 데 연연하지 말고 부모 맘을 편안하게 해주는 데 힘을 쏟아라. 학생이 열 문제 중 아홉 문제를 틀리고 한 문제를 맞혔다면, 한 문제 맞혔다고 큰 소리로 칭찬하라. 그러면 부모는 맘이 편안해질 것이다.

숙제를 내주었는데 해놓지 않았다면 오히려 즐거워해라. 과외시간에 밀린 숙제를 시키면서 너는 쉬거나 책을 읽어라. 그래도 부모는 적어도 과외시간 동안이라도 공부를 하고 있다고 좋아할 것이다. 다음 시험에 나올 만한 문제 서너 개만 집중적으로 훈련시켜 성적이 병아리 눈곱만큼이라도 오르게 해라.

자기 맘 편안형 부모는 무조건 아이가 공부를 하고 있는 듯이 보이는 것을 중시한다. 너는 아주 가끔씩 전화를 걸어 아이가 숙제를 하고 있는지, 영어 단어를 외우고 있는지 체크해라. 자기 맘 편안형 부모는 너의 실력과 성실성을 아주 높게 평가하고 다른 알바 자리도 알아봐줄 것이다.

세 번째는, 생활지도형 부모이다. 이런 부모는 아이의 성적에 전혀 관심이 없다. 아이가 공부를 하고 있는지 아닌지도 관심이 없다. 이런 부모는 쇼핑에 바쁘거나 일에 바빠서 아이에게 전혀 신경을 쓰지 않는다. 생활지도형 부모는 아이의 생활이 나빠지지 않았으면, 나쁜 친구를 사귀지 않았으면 하고 바라는 유형이다.

과외 알바에게 이런 부모는 편하다. 공부도 중요하지만, 네가 아는 쥐꼬리만 한 상식을 동원해 출세한 속물들의 일화나 인생의 귀감이 될 만한 이야기들을 조금 조금씩 흘려주어라. 아이를 조금이라도 감동하게 만들어 그 이야기가 자연스럽게 부모의 귀에 들어가게 해라. 부모는 그 이야기를 듣고 정말 괜찮은 선생을 구했다고 생각할 것이다.

아주 가끔 네가 다니는 학교로 학생을 불러서 구경도 시켜주고, 햄버거도 사주고 영화도 같이 보면서 인생의 선배인 척 다정히 대해주어라. 부모는 감격해서 네가 친오빠나 친언니, 아니면 친형과 같은 존재가 되어주기를 은근히 바랄 것이다.

너는 돈을 버는 것이 목적이 아니라 순수한 교육적 목적에서 아이의 멘토가 되고 싶다는 말을 은근슬쩍 건네라. 그러면 너는 개인적인 사정 때문에 더는 과외를 할 수 없을 때까지(예컨대 군 입대나 어학연수 등) 알바 자리를 보장받을 것이다. 단, 아이가 친구들 꾐에 빠져 엇나가거나 성적이 급전직하하지 않는다면 말이다.

학생을 이렇게 나누어
다루어라

　제일 재수 없는 학생은 헤리포터에 나오는 말포이형이다. 말포이형은 부모 잘 만난 덕에, 돈을 처바른 탓에 나쁜 머리에도 불구하고 적당히 성적을 유지한다. 말포이형은 자기가 갑이고 과외 선생이 을이라는 것을 명확히 알고 있다. 말포이형은 원하면 언제든지 과외 선생을 바꿀 수 있다고 생각하고 이를 실천에 옮기는 형이다. 말포이형은 선생을 끊임없이 가늠질하고, 과외 선생이 지루해지면 호시탐탐 약점을 잡으려고 노린다.

　말포이형이 너를 가늠질하는 순간 과외 선생을 바꿔야겠다고 마음먹은 것이므로 네가 학생의 눈치를 보며 노력한다 해도 과외를 지속하는 건 힘들다고 보면 된다. 말포이형은 미리 준비해가지 않으면 풀기가 쉽지 않은 고난이도 문제를 들이밀 것이다. 네가 그걸 못 푸는 순간 말포이형은 엄마에게 선생이 실력이 없다고 말할 것이다. 그러면 곧 알바 자리는 아웃이다.

　혹시 네가 실력을 입증한다 하더라도 말포이형은 멈추지 않는다. 말포이형은 네 옷차림을 보고 집안 수준이 어느 정도인지 가늠한 뒤 은근히 지난 주 백화점에서 쇼핑한 옷이 얼마인지 자랑할 것이다. 네 후줄근한 옷이 초라해지는 순간 말포이형은 저녁으로 1인분에 20만 원짜리 꽃등심을 먹었다고 말할 것이다. 그러면서 그는 "형은 이런 거 먹어본 적 없지? 하긴 과외해서 한 달에 고작 30만 원 정도 받을 테니……"라고 상처에 왕소금을 팍팍 뿌릴 것이다.

　이런 말을 들으면 참고 참아라! '졸라 더럽게 재수 없는 새끼!' 속으로 욕을 하며 마음을 다스려라. 그리고 도저히 풀 수 없는 문제 하나를 내줘라. 당연히 못 풀 것이다. 타고난 공부 재능이 있어서가 아니라 돈으로 쌓은 실력이기 때문이다. 그러면 "네 실력으로 인 서울은 불가능하겠다!"라고 고개를 저으며 아주 불쌍한 듯이 쳐다보아라. "넌 나 아니면 인 서울은커녕 인 경기도도 안 될 것 같은데……"라고 혼잣말을 내뱉어라. 못 들은 것 같으면 한 번 더 해도 좋다. 어쩌면 네가 비굴하게 아첨하는 것보다 과외 기간이 길어질 수 있을지도 모른다.

두 번째로 재수 없는 학생은 말포이의 친구인 크레이브와 고일형이다. 이런 유형은 친구 따라 강남 가는 놈들이다. 말포이가 부르면 아무리 중요한 일이라도 다 제쳐놓는다. 고일형은 친구들과 함께 어울려 술 마시고 노래하고 춤추며 길거리에 침을 찍찍 뱉고 다닌다.

고일형은 자기가 세상의 주인이며, 지금 현재 이 자리에 친구들이 모여 있는 것이 인생에서 가장 중요하다고 생각한다. 친구들과 어울리는 것이 인생의 전부이고, 다른 모든 것은 아무런 가치가 없다고 생각한다. 부모들은 고일형을 아주 싫어한다. 모든 부모는 자기 아이에게 문제가 있는 것이 아니라 친구를 잘못 사귄 탓이라고 생각하기 때문이다.

과외 알바의 입장에서 고일형은 아주 다루기 어렵다. 고일형은 친구가 부르면 전화 한 통화로 과외를 취소한다. 다시 시간을 정하더라도 친구와의 약속 시간과 겹치면 그것으로 끝이다. 이런 식으로 한두 달 지나면 과외 자리는 아웃이다.

고일형과 과외를 할 경우, 너무 신경 쓰지 마라. 청소년기에 친구에게 인정받는 것이 얼마나 중요한지는 너 또한 청소년기에 느끼지 않았는가? 네가 어지간히 노력해도 고일형은 친구에게서 벗어날 수 없다. 한 달이고 두 달이고 알바비나 받으면서 적당히 시간을 때우는 것이 상책이다. 단, 네가 알바비를 받으면서 양심의 가책이 느껴진다면 두어 번쯤 진심 어린 충고를 해줘라. 친구가 무엇인지, 진정한 친구는 누구인지, 왜 성공한 사람들은 성공한 사람들끼리 친구가 되고 찌질이는 찌질이끼리 어울려 찌질 연대와 찌질 동맹을 맺고 평생 찌질하게 살아가는지 말이다.

정말 만에 하나 아이가 마음을 바꿔 공부를 열심히 한다면, 진정으로 즐거워하라. 하지만 그 알바는 곧 그만둬야 할 것이다. 고일형은 찌질했던 자신의 과거를 알고 있는 너를 좋아하지 않을 것이기 때문이다.

과외 알바에게도 좋은 제자들이 있다. 정말 열심히 공부하며 선생을 즐겁게 해주는 헤르미온느형, 좌충우돌 현실과 타협하지 않고 열심히 공부하는 헤리포터형, 모든 일에 자신 없어 하지만 공부하려고 노력하는 론형, 머리는 나쁘지만 고지식하게 한우물만 파는 네빌형을 만난다면 과외 선생으로서 네 역할을 다해야 한다.

우선 성실해야 한다. 네가 시험을 봐야 한다는 이유로, 네가 어젯밤에 술을 마셨다는 이유로, 그 밖의 어떤 이유로도 시간 약속을 어겨서는 안 된다. 반드시 수업 준비를 철저히 하고 가야 한다. 주어진 시간이 아주 알차도록 노력해야 한다.

반드시 성취감을 느끼게 해줘야 한다. 반드시 과외를 받은 학생의 성적이 오르도록 해주어야 한다. 네가 받는 알바비는 부모들의 소중한 노동의 대가임을 잊어서는 안 된다.

어떤 경우에든 인생의 멘토가 돼주어야 한다. 청소년기가 얼마나 불안한 시기인지 네가 더 잘 알 것이다. 틈만 나면 공부 외에도 아이의 고민을 들어주고 같이 공감해주어라. 그리고 올바른 삶이 무엇인지 생각하도록 만들어라.

이와 같이 한다면 대학을 다니는 내내 알바 자리가 끊이지 않을 것이고, 부모들이 반드시 너에게 어떤 형태로든 보답을 해줄 것이다.

두뇌 노동을
팝니다

과외 알바는 두뇌 노동임을 잊어서는 안 된다. 네가 지금 과외 알바를 하고 있다면, 고등학교 3년 동안 상당히 공부를 잘했다는 걸 학생의 부모가 인정해주는 것이다. 하지만 네가 과외 시간에 하는 일이라고는 고등학교 3년 동안 배운 것을 후배들에게 돈을 받고 전달해주는 것뿐이다. 어떤 정신적인 창조물도 더하지 않고, 사회적으로 어떤 기여도 하지 않고, 네가 알고 있는 시험 잘 보는 기술을 단순히 이전하는 것에 지나지 않는다.

두뇌 노동은 상대적으로 높은 액수의 알바비를 받는다. 과외 알바는 상대적으로 돈을 벌기 쉽고, 그래서 돈을 흥청망청 써도 된다는 생각을 갖게 만든다. 이런 생각이 머릿속에 꽉 박히게 되면 대학을 졸업하고도 절대 제대로 된 직장을 잡지 못한다. 과외 서너 개 또는 네댓 개를 하면서 월 이삼백을 벌던 사람이 대학을 졸업하고 온종일 직장에 다니면서 이백만 원을 받는 것에 만족하겠는가? 과외가 절대 직업이 되지 않도록 주의해라. 과외는 알바일 뿐 절대 직업이 아니다. 과외는 사회적 기여를 하지 않는 기생동물 또는 숙주식물에 지나지 않는다는 사실을 명심해야 한다.

또한 네가 과외를 하고 있다면, 네 실력이 아니라 네 집안의 능력 때문임을 자각하고 겸손해져라. 너보다 실력이 낮고 좋은 대학을 다니는데도 불구하고 상대적으로 소득이 높은 과외 알바를 하지 못하는 경우가 많다. 실력 탓인가? 아니다. 단지 과외를 할 만한 연줄을 잡지 못해서일 뿐이다. 그렇기 때문에 네가 과외를 하고 있다면, 그자리를 연결해준 부모나 친척에게 고마움을 느껴라.(과외 알선 회사를 통해 알바를 하는 경우는 예외이다.)

알바비를 받으면 친구들에게 한턱 쏴라. 목젖이 아릴 정도의 시원한 맥주를 같이 마셔라. 그것도 좋은 일이지 않은가!

유령학자
시간강사 알바

:

있는지
없는지

　　　　　　　　자연계이면서 박사 학위를 받
고 3년 넘게, 인문계이면서 박사 학위를 받고 5년 넘게 파트타임으
로 학생들을 가르치고 있는가? 학생들이 강사님이라고 부르면 은근
히 화가 나고 열이 뻗치는가? 결혼을 하고 자식이 있다면, 교수가 아
닌데도 아이가 교수라고 믿는가? 학비를 대느라 고생하신 부모님과
아직도 고생하고 있는 배우자에게 머잖아 교수가 될 것이라고 말하
고 있는가? 돈을 많이 번 친구들을 만나 술을 마시고 나면 괜히 기
분이 우울해지는가?

　만약 그렇다면 정말 시간 강의로 알바를 하는 시간강사임에 틀림

없다. 학생들이 너를 보고 교수라고 부르든, 부모가 자식을 교수라고 생각하든, 배우자가 조만간 교수가 될 거라고 굳게 믿든 다 소용없다. 아이들이 다 커서 알만큼 알 나이가 되어서까지 너를 교수라고 생각해도 소용없다. 돈 많이 번 친구들이 "읽고 싶은 책 읽으며 하고 싶은 공부를 하고, 어린 학생들과 만나며 살지 않느냐"라고 부러워해도 소용없다. 너는 보따리를 싸들고 이곳저곳을 떠돌아다니며 입이 아프도록 떠드는 시간강사임에 틀림이 없다.

네가 저녁 강의를 마치고 늦은 밤 귀가를 하다 교통사고가 나서 죽었다고 생각해보라. 너에게 조화 하나 보내줄 대학 당국도 없을 것이고, 너의 죽음을 슬퍼해줄 동료 교수도 없을 것이다. 네가 죽어서 강의를 하지 못하게 되어도 학생들 중 누구도 관심을 가지지 않을 것이다. 한마디로 너는 유령이다. 유령은 질량과 에너지를 가지고 있지 않는 존재이다. 질량이 없기 때문에 주변을 끌어당길 중력도 없고, 에너지가 없기 때문에 너는 죽어서도 어느 누구의 관심을 끌 수 없다. 그렇기 때문에 시간강사는 비록 몸뚱이는 있으나 아무런 영향력도 없는 유령임에 틀림없다.

더구나 배우자만이 검은 상복을 입고 빈소를 쓸쓸히 지키고 있다면, 철모르는 네 살배기 아이가 그 옆에서 기차를 밀며 놀고 있다면, 여섯 살배기 아이가 인형을 잠재우고 있다면, 너는 사회에서 아무런 일도 하지 않은 정말 하찮은 유령이었음에 틀림없다.

정신노동

대학에서 강의를 하고 있다면 너는 우리 사회에서 무척 공부를 많이 한 사람이다. 적어도 10여 년, 길면 15년 정도 학문을 닦았을 것이다. 너는 공부를 하면서 남들은 겪지 않는 정신적인 고통을 겪으며 남들과 다른 생각, 남들이 하지 않는 생각, 남들이 생각했어도 논증하지 못한 것을 증명하려고 애썼을 것이다. 네가 쓴 박사 학위 논문과 글들은 네가 창조적인 정신노동을 했다는 걸 증명하는 것이다.

10년을 공부했다면 일 년에 최소 2,000만 원씩 2억 이상의 돈을 학문과 창조적인 정신 훈련에 바쳤다는 소리이다. 길게 15년을 공부했다면 별것도 아닌 것처럼 보이는 논문을 쓰기 위한 훈련에 3억이 들었다는 소리이다. 그 기간에 친구들이 사회생활을 하면서 평균적으로 벌어들이는 액수까지 감안하면 적어도 6억에서 10억 원 정도를 날렸다는 소리이다. 그것이 아까워 강사를 그만두지 못하는가? 그래서 너의 온 신경을 교수가 되는 데 쏟아붓고 있는가? 그렇다면 너는 정말 아부를 하는 데 온 정신이 쏠려 있는 정신노동을 하는 시간강사 알바임에 틀림없다.

인류
최악의 알바

시간강사 알바는 경제적으로 보면 인류 최악의 알바이다. 가장 긴 시간, 가장 최고액을 투자하고서

벌어들이는 수입이 너무 적기 때문이다. 일주일에 3시간 강의를 하고 한 달 40여만 원~60여만 원을 받기 때문이다. 분명 시간당으로 따지면 적지 않다고 말할 것이다. 하지만 그 강의를 하기 위해 10년을 넘게 공부했다는 것을 생각해보라. 그러면 무척 싼값이라는 걸 알게 될 것이다.

더구나 강의를 하기 위해 다른 지방으로 이동한다고 생각해보라. 오가는 시간과 교통비를 제하고 나면 시간당 강의료는 무척 저렴해져서 햄버거 세트 한 개 값도 채 안 될 것이다. 게다가 밥도 사먹고 잠까지 자야 하는 경우라면 세상에 이렇게 실속 없는 장사가 어디에 있는가.

그뿐인가? 시간강사들의 건강을 고려해서 일 년에 네 달 휴가까지 주지 않는가. 가을학기 강의를 위해 여름 두 달 편안히 쉬게 해주고, 봄학기 강의를 위해 겨울 두 달을 푹 쉴 수 있게 배려하지 않는가! 그 기간 동안 강사비는 받을 수 없지만 말이다.

계절별 실업까지 고려하면 시간강사는 세상에서 가장 값싸고 형편없는 노동임에 틀림없을 것이다. 학문이 좋고 아이들이 좋아서 시간강사 알바를 계속하고 싶은가? 그러고 싶으면 부모를 잘 만나라. 부모를 네가 선택할 순 없으니 운에 따르는 수밖에 없는데, 혹시 운이 나빠 경제력이 형편없는 부모를 만났는가? 그러면 네가 선택할 수 있는 배우자를 잘 만나도록 해라. 그러면 너는 시간강사 알바를 계속할 수 있을 것이다. 단, 시간강사의 배우자 순위는 언제나 꼴찌 아니면 꼴찌에서 이등임을 잊지 마라. 그러면 네가 선택할 수 있는 배우자도 대강 어떤 사람인지 윤곽이 잡힐 것이다.

시간강사 알바비는
어느 정도가 적정한가?

　　　　　　　투자한 만큼 보장해주는 것이 가장 적정하다. 10년간 2억이 들었으면 10년 동안 2억을 벌수 있게 해주고, 15년 동안 3억이 들었으면 15년 동안 3억을 벌 수 있게 해주면 된다. 은행 복리 이자로 5퍼센트 정도 추가해주면 더 좋다. 별거 아니다. 현재 강좌 두 개를 맡고 있다면 적어도 연봉 2,400만 원 정도 보장해주면 된다.

　너무 많다고 생각하는가? 그래도 고급 정신노동을 하는데 그 정도는 보장해주어야 하지 않겠는가? 최소한의 생계가 보장되어야만 힘들고 어려운 정신노동을 하겠다는 사람이 줄을 이을 것이고, 그래야 국가의 정신적인 부도 크게 늘어날 것이다. 아무리 물건과 상품을 많이 만들어보라. 정신적인 부가 없는 나라는 사상누각이다. 인문학과 기초과학의 토대가 튼튼해야 나라가 건전한 방향으로 발전하고, 자연과학의 토대가 튼튼해야 발전의 내실이 알차게 된다.

언제 그만두어야
하는가?

　　　　　　　시간강사 알바는 언제든지 그만둘 수 있다. 아무도 관심을 가지지 않기 때문이다. 네가 그만두어도 대학마다 충원 가능한 시간강사는 차고 넘치기 때문에 강의를 언제든지 그만두어도 좋다. 그리고 그만두더라고 네가 먼저 자발적으로 그만두는 것이 좋다.

그깟 50만 원 받는 시간강사 자리를 강제로 잘린다고 생각해보라. 그러면 기분이 더러운 건 물론이고 정말 헤어날 수 없는 정신적 충격에 사로잡힐 것이다. 그러니 네가 먼저 선수치고, 네가 먼저 그만둬라. 그러면 적어도 정신노동을 하는 너의 정신 건강은 보전될 것이다. 시간강사 알바를 그만두려면 아래와 같은 원칙에 의거해 순서를 잡아라.

첫째, 자연계는 박사 학위를 받은 지 3년 이내, 인문계는 박사 학위를 받은 지 5년 이내에 교수가 못 되었으면 얼른 그만둬라. 네가 연구한 학문이 세상 흐름에 쓸모가 없다고 판정을 받은 거나 다름없기 때문이다. 개인적으로 아무리 의미 있는 정신노동의 산물이라 할지라도, 3년이나 5년이 지나면 사회적으로 쓸모없어지는 경우가 태반이다. 따라서 그 기간이 지나면 교수가 되기는 이병이 별을 다는 것보다 힘들 것이다. 단, 네가 돈이 많다면 진득하게 기다려라. 교수 자리를 살 수 있는 기회가 반드시 올 것이다.

둘째, 네 후배가 모교에서 교수 자리를 잡았다면 당장 그만두어라. 한국사회에서 정교수만 되면 무조건 거마니스트가 되고, 시간강사는 언제든지 비구리스트라는 것은 네가 더 잘 알지 않는가! 교수와 거지는 베풀 줄은 모르고 받을 줄만 안다. 교수와 거지는 한 번 그 세계에 발을 들여놓으면 웬만해선 끝까지 한눈팔지 않는 동일 직업정신을 가지고 있다는 것쯤은 너도 알고 있지 않은가! 시간 강의를 얻기 위해 후배가 야멸차게 말해도 그냥 못 들은 척 굽실거리고 있는 네 모습을 상상해보라. 까짓것 당장 그만둬라. 인생 폼으로 살고 폼으로 죽는 것 아니냐!

셋째, 출석부의 잔글씨가 어른거려서 아이들 이름을 잘못 부르기 시작하면 미련없이 그만둬라. 그 정도라면 아마 너의 눈은 상당히 노안이 진행되었을 것이다. 출석부를 보기 위해 돋보기를 쓰면 아이들 얼굴이 보이지 않을 것이고, 아이들 얼굴을 보기 위해 돋보기를 벗으면 출석부의 이름이 보이지 않을 것이다. 그러면 아이들 웃음소리가 들릴 것이다. 그 웃음은 너의 노안을 비웃는 소리가 아니다. 그 나이가 되어서도 교수가 못 되고 시간 강의를 하고 있냐는 조소이다. 그쯤이면 물러나야 하지 않겠는가?

넷째, 나이가 쉰이 넘었다면 이제 그만, 제발 그만두어라. 네가 시간 강의를 계속하고 있음으로 해서 너의 후배들은 시간강사를 하면서 알량한 "교수님"이란 소리조차 들을 기회를 얻지 못할 것이다. 쉰이면 지천명이다. 네가 정교수가 될 수 없다는 것은 천명이다. 그렇다면 네가 그만두는 것이 새로 학위를 받은 후배들을 위해서도 좋고, 새로운 학문을 접하게 될 학생들을 위해서도 좋고, 정교수가 된 선배나 동료, 후배들을 위해서도 좋고, 학교를 위해서도 좋다. 단, 너를 위해서는 안 좋겠지만 그래도 할 수 없다. 그만두어라! 그깟 50만 원 때문에 연연하지 마라. 몸을 팔아도 그 정도 돈은 벌 수 있다.

예순이 되어서도 시간강사를 하고 있다면, 너는 정말 대단한 사람이다. 세상의 모든 어려움, 세상의 모든 곱지 않은 눈초리을 이겨낸 진정한 초인임에 틀림없다. 혹시 모르지 그런 너에게 석좌 시간강사 임명장이라도 줄는지!

학생을
어떻게 대할 것인가?

　　　　　　　　네가 시간강사를 하고 있는 동안
엔 학생들을 하늘처럼 대해라. 네가 갈고 닦은 학문을 모조리 아낌
없이 넘겨주어라. 너는 유령이라 아무런 존재감이 없을 테지만 너의
열정적인 강의를 듣고 감화를 받은 학생이 너의 학문적 업적을 이어
나갈 것이다.

　될 수 있으면 네가 강의를 하고 번 돈의 10분의 1은 학생들을 위
해 지출해라. 수업 후나 종강 후 학생들과 어울려 맥주를 마시고 웃
고 떠들어라. 네가 살아온 삶을 진솔하게 들려주고, 앞으로 어떻게
살면 좋을지 솔직하게 말해주어라. 16주 내내 진행한 강의보다 한
번 가진 술자리가 너를 돋보이게 할 것이다. 10년이 지난 뒤에도 너
를 선생님이라 부르며 찾아와 술을 살 제자들이 생길 것이다.

　시간을 만들어서 학생들과 취미생활을 함께 해라. 같이 등산을 가
도 좋고, 자전거나 인라인을 타도 좋다. 아니면 피시방에 함께 가서
게임을 해도 좋다. 너의 삶을 자랑하지 말고 너의 가치관을 주입하
지 마라. 학생들이 생각하고 느끼는 것을 배워라. 네가 비록 버는 돈
은 적지만 나이보다 어려보이고 건강한 것은 바로 그 때문이다. 네
가 비록 정교수가 되지는 못했지만 새로운 학문에 끊임없이 접근할
수 있는 것 또한 바로 그 때문이다.

　이렇게만 한다면 네가 길거리에서 쓸쓸한 죽음을 당해도 너에게
배운 학생들이 너를 기억할 것이다. 그리고 너의 빈소를 찾아 너에
대해 이야기할 것이다. 제자들의 기억 속에 남아 있다면, 네가 남긴

논문들이 남아 있다면 너는 유령이 아니라 영원히 살아 숨 쉬는 학자일 것이다.

알바는
전능(全能)이다

　　　　　　　　알바란 무엇인가? 전능이다. 맑스는 "세상의 노동자들이 생산을 멈춘다면 망할 것이다"라고 말했다. 맞는 말이다. 알바가 알바를 멈춘다면 어떻게 될까? 세상의 세포 구석구석에서부터 부패가 시작되어 마침내 썩어 문드러지고, 세상이 망할 것이다.

　세상의 모든 알바가 알바를 멈춘다고 생각해보라. 예를 들어 아이스크림 가게를 생각해보자. 전 세계에 배스킨라빈스 체인점은 약 6,000개이다. 이중 우리나라에 약 900여 개가 있다. 전 세계 배스킨라빈스 체인점의 약 15퍼센트가 한국에 있는 셈이다. 900여 개 체인점에 근무하는 알바는 몇 명이나 될까? 2교대든 3교대든, 주중이든 주말이든 한 체인점에 모두 10여 명 정도는 되지 않을까? 그렇다면 모두 약 9,000여 명의 배스킨라빈스 알바가 있고, 다른 아이스크림 체인점의 알바까지 합하면 어마어마한 숫자의 청결과 청순을 파는 청춘 알바들이 있다.

온라인으로든 오프라인으로든 배스킨라빈스 알바들이 모이고, 공유하고, 같이 요구하고 행동한다고 생각해보라. 단체로 아이스크림 알바가 파업을 하는 순간 위생을 파는 아이스크림 가게는 단박에 문을 닫을 것이다. 냉동실이 아무리 좋아도 팔지 못하는 아이스크림을 얼마나 오래 보관할 수 있겠는가. 한여름 단 일주일만 청결과 청순을 파는 알바들이, 그램 노동을 하는 알바들이 연대해 알바비 인상을 요구한다고 생각해보라. 만약 인상해주지 않으면 단내 풀풀 나는 형형색색의 갖가지 아이스크림들이 녹은 채 거리에 온통 넘쳐날 것이다.

맥도날드, 롯데리아, KFC 등은 예외일까? 하루도 지나지 않아 햄버거를 사려는 사람들이 매장마다 장사진을 칠 것이다. 물류택배 알바들이 단 하루만 알바를 멈춘다고 해보자. 집하장은 하루가 지나지 않아 발 디딜 틈조차 없어질 것이다. 김치는 시어터지고, 과일과 채소는 짓무르고, 생선과 고기 썩는 냄새가 진동을 할 것이다.

24시간 편의점은 사장 부부가 낮과 밤을 번갈아 일할 것이다. 한 달 두 달 상황이 지속되면 그들은 부부가 아니라 남남이 될 것이다. 이혼이 늘어날 것이고, 마침내 노동에 지쳐 쓰러져 죽을 것이다. 결국 장의사가 돈을 많이 벌 것이다.

놀이공원의 놀이기구들은 모두 허공에서 멈춘 채 대기하고 있을 것이다. 고깃집 냉장고에서는 고기가 시커멓게 변색되어갈 것이다. 대형할인마트에서는 물품 진열은 물론 계산이 제대로 안 될 것이고,

창고에는 물건이 넘쳐날 것이다. 시간강사 알바들이 알바를 멈추는 순간 대학 강의는 마비될 것이고, 정교수는 강의 과부하와 과로로 곧 사망할 것이다. 과외 선생을 구하지 못한 학생들은 공황상태에 빠져 좋은 선생을 찾아 전전긍긍할 것이다. 노래방에서는 다들 건전하게 노래만 부르고, 심심해진 섹돌이들은 마침내 너무 심심해 죽어버릴 것이다. 전단지를 돌리지 못한 가게들은 홍보와 배달이 불가능해져서 피자도 짜장면도 짬뽕도 치킨도 냉장고 안에서 썩어갈 것이다.

모든 알바가 일을 그만둔다면 결국 상품이 순환되지 않아 창고에는 물건들이 가득 넘쳐날 것이다. 결과적으로 아무리 상품을 생산해봐야 물건을 팔고 서비스를 파는 알바들이 없어 자본주의 사회는 말단부터 서서히 썩어들어갈 것이다. 한마디로 알바가 멈추면 세상이 마침내 작동을 멈출 것이다.

아무도 알바를 하지 않으려 들면 이제껏 알바를 고용해왔던 고용주들은 정규직 노동자를 쓸 수밖에 없을 것이다. 결국 세상에는 알바가 없어지고, 비정규직도 없어지고, 모두 4대 보험 혜택을 받을 수 있는 정규직 노동자가 될 것이다. 알바의 자리를 정규직 노동자들이 차지하면, 정규직 노동자를 고용한 업주들은 대기업에게 계약 조건을 바꾸자고 요구할 것이다. 중소기업이나 중간 규모의 상인들, 영세상인들은 대기업을 상대로 이윤 착취를 줄이라고 시위에 나설 것이다. 이렇듯 세상을 바꿀 수 있는 것은 바로 알바이다. 따라서 알바는 전능이다.

알바는
무능(無能)이다.

하지만 기대와 달리 알바는 무능이다. 알바는 먹고 살기 위해 알바를 멈추지 않을 것이다. 알바가 사회 혁명의 주축 세력임을 깨달은 몇 명이 알바를 그만둔다 해도, 다른 사람들이 그 알바 자리를 차지할 것이기 때문이다. 따라서 알바는 영원히 알바 주인의 사슬에 묶여 지낼 것이고, 알바 주인들은 대기업의 노예로 살 것이기 때문이다.

알바는 이상적으로는 전능이지만 현실에선 무능일 뿐이다. 아무런 힘도 없고, 시급을 받지 못해도 그저 쩔쩔맬 뿐이다. 아무리 부당한 대우를 받아도, 주인이 알바비를 올려 준다는 명목으로 성희롱을 해도 똥 밟았다는 심정으로 꾹 참을 뿐이다. 그저 속으로 울음을 삼킬 뿐이다.

알바는 행동을 하면 전능이지만 아무런 행동을 못하므로 무능이다. 같은 직장 내 알바들끼리 힘을 합쳐 알바 주인과 싸운다는 생각이 없다. 나아가 같은 업종 알바들끼리 힘을 합쳐 싸운다는 생각은 더더욱 없다. 알바로 적당히 돈을 벌어 사고 싶은 물건 사고, 등록금도 내고, 생활비를 충당할 뿐이다.

알바는 사회적으로는 전능이지만 개인적으로는 무능이다. 알바가 없으면 세상이 돌아갈 수 없지만, 알바는 돈을 벌거나 스펙을 쌓으면 그뿐이라고 생각한다. 알바는 여러 사람이 같이 일하지만 늘 혼자이기 때문에 외롭고 힘들다.

시니컬에서
래디컬로

알바는 전무라고 느껴 시니컬한 상태로 세상을 살아가는가? 알바를 아무리 많이 해도 등록금은커녕 먹고 사는 것조차 힘든가? 알바를 해서 네가 그렇게 갖고 싶은 물건을 샀는데도 사용하다보면 시들해져 다른 물건이 욕심나는가?

주인이 꼴 같지 않게 굴면 언제든지 시정을 요구하고 그만둬라. 세상은 넓고 알바 자리는 많다. 주인이 시급을 제대로 주지 않으면 동료들과 작당해 알바비를 받은 뒤 한날한시에 같이 그만둬라. 그 소문이 나면 주인을 알바를 구할 수 없어 결국 망하게 될 것이다. 조금만 더 찾아보면 더 비싼 알바비를 주는 곳이 얼마든지 있다. 주인이 알바비를 떼어먹으면 반드시 신고하여 돈을 돌려받고 처벌까지 받게 해라. 세상에 널리고 널린 게 알바 자리이다.

네가 일하는 업종의 안티 사이트를 만들고 알바 정보를 공유해라. 안티 햄버거, 안티 아이스크림, 안티 물류센터, 안티, 안티, 안티……사이트를 만들어라. 그리고 그 악덕 업주들에게는 알바 자리를 구걸하지 마라. 네가 아무리 열심히 일해도, 그들이 아무리 선한 척해도 악덕 업주는 악덕 업주일 뿐이다. 악덕 업주를 괴롭힐 수 있는 방법을 찾아내고, 아주 천천히 악덕 업주의 피가 마르게 해라. 알바를 고용하는 사업은 알바 인건비 따먹기이다. 알바 인건비를 따먹지 못하면 그 사업은 망하게 되어 있다. 따라서 천천히 아주 천천히 알바가 얼마나 무서운 존재인지 알게 해줘야 한다.

벌어 놓은 돈은 없고, 버는 돈도 적고, 앞으로 벌 돈이 많지 않을 것 같아 걱정하는가? 과거에 절망했고, 현재에 실망하고, 미래에 희망이 없다고 좌절하는가? 희망 부재라는 미래 때문에 불안한가? 걱정은 나누고, 좌절은 떨쳐버려라. 닥치지도 않은 미래를 왜 걱정하는가? 닥쳐서 걱정해도 충분하다. 닥쳐서 해결해도 충분하다.

알바라고 평생 알바는 아니다. 알바의 어원이 arbeit라고 생각하지 마라. 알바의 어원을 albeit(비록 OOO이기는 하지만)라고 생각해라. r을 l로만 바꾸어보아라. 그러면 '내가 비록 지금은 알바이지만 미래는 아무도 모른다'로 바뀔 것이다.

간밤에 알바를 하는데 비가 내렸는가? 그럼 밤새 내린 비는 소주, 맥주, 막걸리라고 생각하고 한잔 벌컥 들이켜라. 아침에 퇴근하는데 해가 솟는가? 솟는 해는 빈대떡이라고 생각하고 안주 삼아 집어 먹어라. 알바가 가는 길엔 승리뿐이다. 알바는 'albeit'의 준말이다. 비록 지금은 알바를 하고 있지만 기죽지 말고 당당하게 나아가라! 옳고 그른 것에 대해 말하고 싸워라. 혼자서 싸우기 힘들면 같이 싸워라. 네 귀의 이어폰을 떼어내고, 주변 동료들과 음악을 같이 들어라. 그 음악에 맞춰 덩실덩실 춤을 춰라. 반드시 뜻을 같이하는 사람들을 찾을 수 있을 것이다.

시민들이여!

알바에게 무조건 친절하게 대해라. 네가 남자이든 여자이든, 나이가 많든 적든, 많이 배웠든 못 배웠든 상관없다. 알바는 네 자식들이자, 형제이자, 남매이자, 자매들이다. 네 손에 먹을 것을 쥐고 있다면 아무리 작은 것이라도 나누어 먹어라. 귤 하나라도 나누고, 사탕 한 개라도 나누어 먹어라. 무척 고마워하며 온종일 기분 좋게 일할 것이다. 가는 것이 있으면 오는 것이 있다. 네가 베푼 것만큼 알바는 어떤 형태로든 보답을 할 것이다.

알바를 고용한
사장들이여!

알바비 10원이라도 더 챙겨줘라. 떼어먹지 마라. 돈이 빵꾸 나도 알바에게 책임을 전가하지 마라. 밥 먹을 시간이 되면 반드시 밥 챙겨줘라. 지금이 보릿고개 있는 5~60년대냐? 한창 먹고 힘쓸 나이에 컵라면 하나로, 삼각김밥 하나로 끼니를 때우는 게 웬 말이냐. 제발 부탁이다. 때리지도 말고 사랑으로 대해줘라. 다 네 자식들처럼 사랑스럽고 귀한 아이들이다.

대기업들에게!

알바를 고용하는 체인점주들에게 너무 많은 희생을 강요하지 마라. 너희가 가져가는 이익이 많을수록 체인점주는 알바들의 허리띠를 졸라맨다. 알바 알선업체에 하청을 주지 마라. 너희가 직접 알바를 고용해라. 그러면 알바는 훨씬 더 많은 돈을 받으며 풍요롭게 살 것이고, 공부도 더 열심히 할 것이다. 가능하면 너희의 이익을 줄일 수 있는 한 최대로 줄여라. 그래야 사회가 점점 더 밝아질 것이다. 사실 우리 사회의 돈과 관련된 문제는 모두 너희들에게서 비롯된다는 것을 알고 있지 않은가? 국가도 적자고, 개인도 적자다. 이제 너희들 주머니를 털어놓지 않으면 우리 사회의 희망은 점점 더 사라질 것이다. 가능하면 빨리 세금도 많이 내고, 직접 고용도 많이 해라.

자칭
보수들이여!

말이나 행동을 거짓으로 꾸미지

마라. 겉으로 연민의 정을 보이는 척 하지 마라. 젊었을 적의 알바는 청춘을 위한 송가라고 예찬하지 마라. 재수 없다. 알바의 이익을 챙겨주는 것에는 관심이 없고 어떻게 하면 알바비를 줄일 수 있는지 고민하고 있다고 솔직히 말하라. 최저시급을 낮추는 것이 너희들의 진정한 목적이 아닌가? 가증스러울 뿐이다. 사탕발림 하지 말고 항상 솔직하게 말해라. 너희들이 솔직하게 말해야 젊은 청춘들이 보수의 실체를 알 수 있다.

자칭 진보연하는
자들이여!

왜 죽은 전태일에게만 관심을 갖는가? 현재를 살아가고 있으며 70년대 청계피복노조 공순이 공돌이 못지않게 고생하며 살아가는 알바들에게 관심을 가져라. 얼마나 많은 청춘들이 알바를 하다 지치고 희망 없는 삶 때문에 목숨을 버려야 하는가? 얼마나 많은 청춘들이 알바에 지치고 지쳐 극단적인 죽음을 선택해야 정신을 차리겠는가? 오래 전의 죽음을 우상으로 숭배하고 찬양하지 마라. 너희들이 바로 보수와 다를 바 없다는 것을 드러내는 것이다. 보수는 무엇인가? 과거를 먹고 사는 자들이다. 과거를 지속시키려는 자들이다. 너희들이 진정한 진보라면 현재를 돌아보라. 현재 고생하며 살아가고 있는 산 사람들을 위해 정책을 만들어라. 더 많은 청춘들이 삶의 희망을 버리지 않도록 서둘러라.

보론

알바학
입문

1. 알바란 무엇인가?

1) 알바의 특징과 정의

알바 정의의 어려움

알바를 정의 내리기는 쉽지 않다. 글로 표현되는 알바와 현실에서 실제로 볼 수 있는 알바는 사뭇 다르다. 알바는 노동을 뜻하는 아르바이트(arbeit)의 준말이자, 본업 이외의 부업이라는 뜻으로 사용된다. 교과서적으로 정의하면 알바는 본업을 가진 자가 본업 이외에 부수적인 일을 하면서 일정한 수입을 올리는 동시에, 그 일을 통해 일의 의미를 깨닫고 자아성취를 하는 것을 말한다. 또한 동시에 알바를 하는 사람을 지칭하기도 한다.

과거에는 알바라는 의미 대신 노동 또는 직업이라는 뜻의, 알바의 준말이 아닌 아르바이트(arbeit)가 있었다. 아르바이트를 하고 있다는 것은 노동을 하고 직업을 가지고 있다는 것을 뜻하는 동시에 평생직장이 보장된다는 것을 의미했다. 또한 가장의 노동만으로 한 집안의 생계가 보장될 뿐만 아니라 자녀들의 학업도 경제적으로 보장된다는 것을 의미했다.

아르바이트란 의미가 이런 경제적 실효성을 상실하자마자 아르바이트의 준말인 알바가 사회적으로 새로운 의미를 지닌 사회적 존재로 나타나기 시작한다. 아르바이트가 경제적 실효성을 상실한다는 것은 아버지, 즉 가장의 임금만으로는 한 집안의 생계유지가 현실적으로 어려울 뿐만 아니라 자녀들이 학교를 정상적으로 마칠 수 없다는 것을 뜻한다. 가장의 현실적인 경제적 무능력은 가정주부를 파트타임 노동자로 내몰고 자녀들을 알바로 구축(驅逐)한다. 가장의 경제적 무능력은 초등학생을 용돈 부족과 게임기 구입 등의 이유로 알바로 나서게 만들고, 나이 든 노인까지 용돈벌이를 위해 알바로 내몬다.

이런 현실에서 알바는 교과서적인 정의로 통용되지 않는다. 오히려 정의하기 불가능할 만큼 다양한 직업 영역과 다양한 변종의 형태로 현실에서 직업적으로 활용되고 있다. 알바를 올바로 파악하기 위해서는 현재 알바의 등장 배경과 특징을 살펴본 뒤 알바가 현실에서 실제적으로 어떤 의미를 갖는지 알아보는 것이 옳다.

산에 오르거나 비행기를 타고 높은 곳에서 땅을 내려다보라. 너무 멀어 움직이는 물체도 뚜렷이 보이지 않고, 움직이는 물체 간의 관계도 보이지 않는다. 모든 것이 선이나 점으로 보일 뿐이다. 하늘의 고답적인 정의에서 땅의 알바를 바라보면 아무것도 보이지 않는다.

반대로 땅에서 하늘을 올려다보면 너무 높아 까마득하고 닿을 수도 없다. 땅에서 알바를 바라보면 알바의 팍팍한 현실과 비참한 현재가 도드라지게 드러날 수 있지만 그 현실에 매몰되어 알바가 무엇인지 전혀 이해할 수 없게 된다. 결국 서로 바라볼 수 없고 설명할 수 없는 구체적 현실과 형식적 이상을 화해시키는 것은 불가능해진다.

하늘과 땅에서 바라보는 것을 벗어나 중간에서 출발해야 한다. 지금 이곳에서 수평적으로 물체를 바라보아야 한다. 자동차가 어떻게 움직이고, 사람이 어떻게 운전을 하고, 사람과 사람이 어떤 관계를 맺는지 살펴야 한다. 알바의 경우도 마찬가지이다. 현재 한국의 알바를 수평적으로 바라보아야 한다. 알바가 처한 현실에서 특징들을 찾아내고, 그 특징들을 통해 현재 알바에 대한 이해에 도달해야 한다.

2) 사회적 의미의 알바 등장 배경

보편적 의미의 알바는 역사가 그리 오래되지 않았다. 일반적으로 알바는 과외 알바처럼 역사가 오래된 것도 있으며, 알바가 사회에서 보편적 의미를 지니기 전에 알바를 한 학생들도 있다. 그렇기 때문에 알바는 비교적 최근 현상도, 특수한 현상도 아니라는 반박이 있을 수 있다. 그러나 이때의 알바는 특수한 소수 집단을 지칭하는 특수 용어이다. 하지만 현재의 알바는 이와 같은 특수가 아닌 보편으로 바라보고 이해해야만 한다. 알바를 보편으로서 이해해야 하는 이유는 다음과 같다.

첫째, 현재 알바는 초등학생에서부터 나이가 많은 노인들까지 포용한다는 점에서 전 연령에 보편적인 현상이라는 점이다.

둘째, 현재 알바는 남성과 여성 모두 참여하고 있는 보편적인 현상이라는 점이다.

셋째, 현재 알바는 특정 영역이 아닌 대부분의 모든 노동 영역에서 발생하고 있는 보편적인 현상이라는 점이다. 예컨대 단순 배달에서부터 유흥업소까지, 단순 육체노동에서 두뇌노동까지 포괄하여 알바가 행해지고 있는 것을 볼 수 있다.

넷째, 현재 알바는 배움의 많고 적음과 관계없이 여러 노동 영역에서 보편적으로 활용되고 있다는 점이다.

현재 알바는 연령을 초월하고, 성별을 넘어서고, 모든 직업을 포괄하고, 학력과 상관없이 많은 사람을 흡수하고 있다. 이와 같이 보편적 의미를 지닌 존재로서의 알바 등장은 기술적, 경제적, 문화적, 사회적 배경에 대한 이해를 필요로 한다.

기술적 배경

알바가 사회적 의미를 띠게 되는 기술적 배경은 생산과정의 컴퓨터 도입이다. 컴퓨터가 산업 생산에 적용되기 전에는 테일러-포드 시스템이 생산의 주요 토대였다. 테일러-포드 시스템은 3S, 즉 단순화(simplification), 표준화(standardization), 전문화(specialization)를 바탕으로 남성 노동자가 견디기 힘들 정도의 과도한 노동을 요구하였다. '심한 과업'과 그에 따른 '보상 임금'에서 알 수 있듯이 여성이나 신체적으로 미숙한 청소년은 테일러-포드 시스템 노동에 참여할 수 없었다.

컴퓨터가 생산에 도입되자 산업 기술에 커다란 변화가 일어났다. 고된 육체적 노고를 필요로 하는 노동은 대부분 컴퓨터를 이용한 기계들이 담당하게 되었고, 연약한 몸으로도 이러한 노동을 감당할 수 있게 되어 파트타임 가정주부나 청소년 알바가 이 부분을 담당하게 되었다.

경제적 배경

한국 사회에서 알바가 전면적으로 등장하게 되는 계기는 1997년에 일어난 국제 금융위기이다. 그전까지 평생직장에 다니고 있던 많은 남성 직장인이나 가장들이 부도나 정리해고 등으로 직장을 잃었다. 국가적 차원에서 발생한 커다란 경제 지진의 여파가 가정에 쓰나미처럼 몰려들자 수많은 가정이 파탄에 처하게 되었다. 각 가정의 주체들은 이혼과 파산 등으로부터 집안을 지키기 위해 '제 밥벌이와 용돈은 제 손으로' 버는 방법을 택해야 했다. IMF경제위기 직전까지 고생하며 생계를 책임지던 가장들이 집에서 쉬는 동안, 가정주부와 자녀들은 적은 돈이라도 벌기 위해 파트타임이나 알바를 하게 되었다.

IT 소비의 영향

1990년 이후 PC가 일반 가정에서 보편화되었고, 삐삐, 핸드폰, 노트북, 스마트폰, 각종 게임기, DSLR 등이 홍수처럼 쏟아져 나왔다. PC가 없는 집을 찾아보기 힘들었으며 누구나 다 삐삐를 사용했다. 그것도 잠시, 핸드폰과 노트북은 최첨단 인생을 사는 젊은이들의 상징이 되었다. 게다가 어린이라면 남들 다 가지고 노는 게임기와 게임팩 정도는 기본으로 갖춰야 했다. 이런 것들을 갖추지 않으면 대화에 낄 수 없을 뿐만 아니라 생존 자체가 불가능해질 정도였다.

대부분의 젊은이들은 다른 소비를 줄일지언정 첨단 장비를 갖춘 사회생활을 영위하기 위해 꼭 필요한 필수장비를 줄이지는 않았다. 게다가 이런 제품들은 주기도 짧아 지속적인 소비를 하지 않으면 욕구 충족이 이뤄지지 않기 때문에 더 많은 비용 지출을 필요로 한다.

이런 첨단 생산물을 소비하지 않고는 살수 없게 되었으며, 소비의 결과는 과거에 전혀 없었던 비용의 지출을 필요로 했다. 인터넷 사용료, 핸드폰 사용료, 유선 텔레비전 사용료 등은 유선전화만 있던 시절에는 전혀 지출하지 않았던 비용이다. 게다가 통신비가 가정에서 차지하는 비중은 아주 막대해서 가처분 소득 중 약 4.4퍼센트를 넘어서고 있다. 4인 가족이라면 통신비가 보통 20여만 원을 훌쩍 뛰어넘는다. 게다가 스마트폰 등이 주요 소비 대상이 되면서 한 가정에서 통신비 지출은 30여만 원에 육박하는 수준이 되었다.

한 명의 가장이 벌어들이는 웬만한 수입으로는 최첨단 제품을 소비하고 이용하는 것이 불가능해지자, 주요 소비층인 청소년과 청년들이 알바에 뛰어들게 된다.

등록금의 영향

많은 대학생들이 알바를 하게 된 커다란 이유 중의 하나는 수직 상승한 등록금 때문이다. 알바 구성비 중 큰 부분을 차지하는 대학생의 등록금이 얼마나 올랐을까? 산술적으로 2005년에서 2010년까지 등록금 상승률은 약 30퍼센트라고 한다. 이것이 얼마나 많이 오른 것인지 이해되지 않는다면 대충(전공 불문하고 평균을 낸다면) 이렇게 생각하면 된다. 1980년 대학 등록금은 약 35만 원, 1990년엔 약 100만 원, 2000년엔 약 110만 원, 2010년엔 약 400만 원 정도이다.

현재 대학생이라면 연간 약 800만 원 정도의 등록금과 최소 생활비 30만 원 정도(30만 원이 얼마나 적은 액수인지는 상식적으로 생각해보면 쉽다. 통신비, 차비, 하루 1.5끼 식사, 담배, 최소한의 유흥비, 최소한의 품위유지비, 데이트 비용……)를 사용해야 한다. 서울에서 지방으로, 지방에서 서울로 유학을 간 학생이라면 최소한 70만 원 정도는 추가로 지출해야 한다. 그렇다면 연간 최소 2,000만 원은 필요한데, 이 정도의 액수를 부담 없이 지원할 수 있는 부모는 그리 많지 않다. 따라서 대부분의 대학생은 알바를 해야만 최소한의 생계를 유지하고 생존할 수 있게 되었다.

그 결과 많은 대학생들이 본업인 공부를 뒷전으로 미룬 채 알바에 전력투구해야 하는 상황에 처하게 되었다. 물론 부모를 잘 만난 대학생은 전공 공부를 열심히 해서 장학금을 받을 수 있고, 그 결과 공부를 더 편하게 할 수 있다. 게다가 남들이 알바를 하는 시간에 스펙을 쌓을 수 있어 취업에 훨씬 더 유리한 조건을 갖추게 된다. 반면에 알바를 시작한 대학생은 학점 경쟁과 스펙 경쟁에서 밀려 다시 알바로 내몰리지 않을 수 없게 된다.

3) 알바의 특성

　형식적 의미에서 알바를 규정해 보자. 우선 알바는 본업이 있는 자가 본업 이외에 부가적으로 하루 8시간 이하의 노동을 하는 것이다. 둘째, 알바는 이 일을 하면서 노동의 의미를 깨닫고 자아를 성취해야 한다. 이를 대략 이십대 정도의 여성이나 남성에게 적용해보면, 학교에서 공부를 하면서 하루 서너 시간 정도의 부업을 통해 일하는 것의 즐거움을 깨달을 뿐만 아니라 미래에 자신의 직업상까지 발견해야 한다는 것이다. 이를 조금 더 상세하게 분석하면 다음과 같이 말할 수 있다.

　알바의 우선 조건은 본업이 있는 자이어야 한다. 예컨대 학생은 공부를 하는 것이 본업이고 경제적 이익을 목적으로 본업 이외의 서빙이나 과외 등을 하는 걸 알바라고 할 수 있는데, 본업이 없이 알바를 통해 생활을 유지하고 있다면 알바라고 할 수 없다.

　알바의 두 번째 조건은 하루 8시간 이하의 노동을 하는 것을 말한다. 법정 노동시간인 1일 8시간, 일주일 48시간을 기준으로 그 이상의 노동을 한다면 알바라고 할 수 없다. 예컨대 편의점, 대형할인마트, 물류센터 등에서 하루 8시간 이상의 노동을 하고 한다면 알바라기보다는 직업의 의미에 더 가깝다고 할 수 있다.

　알바의 세 번째 조건은 노동의 의미를 깨달아야 한다는 것이다. 알바를 통해 돈을 버는 것이 중요하다 할지라도 돈벌이 자체가 목적이 되어 노동의 의미를 파악하지 못한다면 알바라고 할 수 없다. 예컨대 단기간 몸을 혹사하여 상대적으로 고액의 돈을 번다면, 그 일을 통해 노동의 소중함이나 노동의 의미를 깨닫기보다는 노동 자체에 대한 혐오가 생긴다면 그 일을 알바라 할 수 없다.

알바의 네 번째 조건은 알바를 통해 자아를 성취해야 한다는 것이다. 자아를 성취한다는 것은 자신이 하고 싶은 일, 자신이 잘 할 수 있는 일, 자신이 해야 할 일을 일치시키는 과정이다. 자신이 하고 싶은 일은 자신의 바람이고, 자신이 잘 할 수 있는 일은 자신의 능력이고, 자신이 해야 할 일은 부모의 바람이라고 볼 수 있다. 이 세 가지가 일치하는 사람은 극히 드물다. 사람들은 자신의 바람을 포기하고 부모의 바람을 따르면서 좌절하기도 하고, 자신의 능력 대신 자신의 바람을 택하면서 고생길을 택하기도 한다. 또 어떤 사람들은 자신의 바람과 자신의 능력이 불일치하여 좌절감에 사로잡히기도 한다.

알바가 긍정적 의미로 작동한다면, 알바를 하면서 이 세 가지가 조화를 이루는 과정이 되어야 한다. 이는 알바를 통해 일을 배우면서 자신이 어떻게 살아가면 좋은지, 현재 자신이 하고 있는 일이 자신한테 맞는지, 이 일이 자신이 지금까지 평생 꿈꾸어 온 것인지 확인하는 과정이기도 하다. 예를 들어 물류 유통에 관심 있는 청년이 대형할인마트 알바를 통해 물류 유통이 자신이 원하는 직업인지 아닌지 확인하고 미래를 설계할 수 있다면 이는 정확한 의미에서 알바라고 할 수 있다.

수많은 알바 예찬론자들의 알바 찬양은 거의 형식적 의미에서 알바 숭상에 가깝다고 할 수 있다. 그들은 공부시간 중 일부를 할애해 알바를 하면서 학비를 마련했고, 알바를 통해 건전한 직업적 가치관을 발견하고 미래를 설계할 수 있었으며, 그것이 현재 출세한 자신의 배경이 되었다고 말한다.

그러나 실질적, 현실적 의미에서 알바는 이와 같은 조건들을 만족시켜주지 못하고 있다. 정작 알바를 하고 있는 당사자들은 형식적 의미의 알바를 죽은 개 취급할 뿐만 아니라, 뜬 구름을 잡는 것과 같은 이상으로 여길 뿐이다. 하늘에 떠 있는 알바와 땅에 발 딛고 있는 알바의 간극은 너무 크다. 알바의 특성을 통해 알바가 도대체 무엇인지 알아보도록 하자.

비전문성

알바의 가장 커다란 특징 중 하나는 비전문성이다. 알바는 대부분의 경우 직무를 수행하기 위해 특별한 훈련이나 과정을 필요로 하지 않으며 특수 직종을 제외하고는 바로 현장 출근, 현장 근무가 가능하다. 심지어는 같은 직종에서 10년을 일한 베테랑 작업자와 오늘 처음 출근한 사람의 시급이나 일당이 같을 정도이다. 알바 노동의 비전문성은 두 가지 결과를 낳는다.

첫째, 곧장 알바비의 저렴화를 부채질해 최저시급으로 수렴되며, 대부분의 경우 알바비 착취로 연결된다. 알바 노동의 비전문성은 곧 알바 노동 자체가 누구라도 할 수 있는 일이라는 걸 말한다. 나이가 많은 칠십대나 나이가 어린 십대, 대학을 다니는 고학력자나 중학교 중퇴자나 상관없이 누구라도 할 수 있다는 것이다. 예컨대 주유소 알바의 경우가 대표적이다. 따라서 고용주는 알바비를 아주 적게 주어도 언제든지 알바를 구할 수 있으며, 최저시급에 준하거나 그에 미치는 못하는 알바비를 주어도 법의 처벌을 받지 않기 때문에 결과적으로 법이 정한 최저한도의 알바비를 지급하며 알바를 착취한다고 할 수 있다.

둘째, 알바 자르기의 일상화로 귀결된다. 알바 노동의 비전문성과 단순성은 곧 누구라도 최소한의 훈련을 마치면 그 일을 할 수 있다는 걸 뜻하기에, 알바 노동의 비전문성은 다른 말로 동일 노동의 대체가능성이라고 말할 수 있다. 따라서 고용주는 알바가 맘에 들지 않으면, 알바가 조금이라도 저항할 가능성을 보이면 언제든지 해고할 수 있게 된다. 알바 노동의 비전문성은 알바 해고의 일상화와 알바 노동의 불안정성을 내포한 폭탄이 될 수도 있다.

단기적 전업성

현재 알바 노동의 두 번째 큰 특성은 전업성이다. 알바가 부업이라는 것은 고학생들이 어렵게 공부를 하면서 주인집 딸을 꾀어 결혼을 하고 고시에 합격을 했다는 옛날 옛적 고리짝 이야기일 뿐이다.

알바가 알바를 하는 이유는 특정한 경제적 목적 때문이다. 가장 단적인 예는 대학생의 등록금 마련이다. 예컨대 학업을 지속하면서 과외 알바를 병행해 등록금을 마련하는 경우를 부업이라 할 수 있는데, 현재 알바는 부업의 의미를 한참 벗어나 있다. 그 이유는 알바생이 부업으로 알바를 해서는 당면한 경제적 어려움을 해결할 수 없기 때문이다. 과중한 등록금, 청소년의 소비 욕구 충족, 치솟는 물가 등은 알바를 부업이 아닌 단기적 전업으로 만든다. 대학생이 등록금을 마련하기 위해서는 한 학기나 일 년을 휴학하고 그 기간 내내 알바를 해야 한다. 가출하거나 학교를 중퇴한 청소년이 자신의 소비 욕구를 충족하기 위해서는 쉬지 않고 일을 해야 한다. 가정주부나 실직자가 최소한의 생존이나 생계를 유지하기 위해서는 휴일을 반납하고 일을 해도 모자랄 지경이다. 알바는 부족한 용돈 보충 또는 은퇴 후 소일거리를 제외하고는 단기적 전업성을 띨 수밖에 없다.

현재 알바는 단기적 전업성, 즉 알바를 하는 동안에는 본업을 할수 없는 결과를 낳는다. 예컨대 대형할인마트에서 하루 8시간 일을한다면 본업에 종사하기 쉽지 않다. 점심시간과 출퇴근시간까지 포함해 최소 10시간에서 11시간가량 고단한 노동을 한 뒤 책상에 앉아서 공부를 한다는 것은 거의 불가능에 가깝다.

단기적 전업성은 미래 가치 결정에 결정적 부작용을 낳는다. 알바가 본업인 공부를 저해한다면 미래를 위해 투자를 할 수 없다는 것을 뜻한다. 이는 자신에게 주어지는 미래의 자산 가치를 포기하게만드는 것이다. 현재 자신의 미래를 위해 시간을 전적으로 투자하는자와 단기 전업성 알바를 하는 자의 미래 가치는 점점 더 격차가 벌어질 수밖에 없다. 그 결과 부모의 재산 차이가 자식들의 미래 가치도 결정하는 비극적 결과를 가져온다.

임시성

현재 알바 노동의 세 번째 큰 특성은 임시성이다. 알바는 노동을통해서 진득하게 자신이 하고 싶은 일, 자신이 잘할 수 있는 일, 자신이 해야 할 일을 가늠해 보아야 한다. 그러나 현실은 알바가 그렇게하도록 내버려두지 않는다. 지나치게 적은 시급은 알바로 하여금 이알바에서 저 알바로 메뚜기처럼 뛰어다니게 만든다.

'임시'는 말 그대로 그때그때 필요에 따라 정하는 것이자, 기간을 정하지 않은 잠시 동안을 말한다. 알바 노동이 임시라는 것은 돈이 필요한 정도에 따라 일을 정하고 그 목적이 달성될 때까지만 잠시 일하는 것을 뜻한다. 알바는 단일 직종에 장기간 종사하는 것이 아니라 임시적으로 종사하며, 이십대가 가기 전 열 개 이상의 아주 다양한 알바를 체험하는 알바순례자의 머나먼 길을 떠난다.

알바 노동의 임시성은 알바 노동의 간헐성과도 연결된다. 대개의 알바는 하나의 알바를 한 뒤 잠깐 쉬면서 얼마 동안의 간격을 두고 다시 다른 종류의 알바를 되풀이한다. 알바 노동의 간헐성은 돈이 필요할 때마다 알바를 하다 쉬었다를 되풀이 하는 데에서 비롯된다.

알바 노동의 임시성과 간헐성은 일하는 잠깐 동안 새로운 경험을 만끽하게 하지만, 특정 노동을 통해 특정한 일에 대한 숙련을 쌓을 수 없게 만든다. 알바의 임시성은 직업 선택에 있어서 아주 소중한 시기인 이십대를 다양한 알바 노동을 전전하며 방랑자와 낭인으로 생활하게 만든다.

시간 선택의 강제성

현재 알바 노동의 네 번째 큰 특성은 시간의 강제성이다. 알바가 부업이라면, 알바는 본업을 충분히 마친 뒤나 본업에 영향을 미치지 않는 시간에 일을 선택할 자유를 가져야 한다. 하지만 현실에서는 자신이 원하는 노동 시간대를 선택할 수가 없다.

우선, 본업을 하는 동안에는 본업에 충실해야 하고 그 이외의 시간에 돈을 벌어야 하기 때문이다. 학생의 경우, 휴학을 하지 않는다면 원하건 원하지 않건 저녁 늦은 시간에 알바를 할 수밖에 없다.

둘째, 동일 직종을 본업으로 가진 사람이 나인 투 파이브 시간대에 일을 하기 때문이다. 편의점의 경우 주인이 오전 9시에서 오후 5시까지 근무하고 나머지 시간에 알바를 배치하는 것은 당연하다. 따라서 알바는 남들 놀 때 일하고, 남들 쉴 때 일하고, 남들 잠잘 때 일한다. 이 점에서 알바는 노동 시간을 강제로 배정받게 된다.

시간 선택의 강제성은 자발적 강제와 비자발적 강제로 나누어 설명할 수 있다. 자발적 강제는 본인 스스로 자아 성취 등을 이유로 본업 이외의 시간을 선택하는 경우이다. 스스로 선택했기 때문에 '자발적'이란 형용어가 가능하며, 그 시간 이외에는 알바를 할 수 없기 때문에 '강제'라는 용어의 사용이 가능하다. 자발적 강제는 주로 대학생들이나 중고등학생, 직장인 등이 자신의 본업을 계속하는 경우에 성립한다.

비자발적 강제는 외모, 신체, 나이, 성별 등을 이유로 자신이 원하는 시간 이외에 알바를 하는 경우이다. 예컨대 고용주는 험상궂은 외모를 가진 사람에게 매출이 아주 높은 황금시간대 알바를 줄 리 만무하다. 또한 사십대 이상의 연장자에게 청소년을 주로 상대해야 하는 시간대에 알바를 줄 리 없다. 비자발적 강제는 외모, 신체, 나이, 성별 등을 이유로 차별을 한다는 점에서 알바 문제와는 다른 인권의 문제를 야기할 수도 있다.

시간의 선택의 강제성은 알바의 건강에 치명적 손상을 가한다. 예컨대 하루 이틀이 아니라 한두 달 또는 육 개월 내내 피시방, 대형할인마트, 주유소에서 야간 알바를 하면서도 본업인 학생 신분을 유지한다고 생각해보자. 젊다는 것만으로 한두 달을 일할 수 있을지 모르지만, 석 달 이상이 되면 건강을 많이 상하게 되어 있다. 시간 선택의 강제성은 결과적으로 인생이라는 장거리 경주에서 패배를 전제로 달리는 것과 마찬가지이다.

주관성

현재 알바 노동의 다섯 번째 큰 특성은 판단의 주관성이다. 판단의 주관성이란 자신이 알바인지, 파트타임 노동자인지, 직장인인지를 규정하는 것이 다른 사람이 아니라 바로 본인 자신이라는 것이다.

예컨대 대형할인마트에서 점심시간 포함 하루 아홉 시간 동일 노동을 하는 주부사원과 대학생이 있다고 해보자. 물론 대학생은 당연히 자신이 알바를 하고 있다고 생각하겠지만 주부사원은 형식적으로 본다면 전일 근무(full time job)를 하고 있지만 정식 사원과 다르기 때문에 시간제 근무자라는 뜻으로 파트타임 노동자(part-timer)로 자처할 수 있다. 하지만 그 주부사원은 자신의 과중한 노동에 비해 대우와 임금이 너무 형편없다고 생각해서 알바를 하고 있다고 말을 할 수 있을 것이다. 그렇다면 이 경우 주부사원은 파트타이머라기보다는 알바 노동을 하는 자로 보는 것이 옳다. 실제로 아파트 근처의 대형할인마트에서 일을 하는 주부사원은 알바를 하고 있다고 생각하는 경우가 훨씬 많다.

이와 같은 판단의 주관성은 알바가 정식 사원이나 파트타이머와 동일 노동을 하고 있음에도 불구하고 자신의 처지에 만족하지 못하는 데서 비롯한다. '동일 노동 동일 임금', '동일 노동 동일 처우'를 받는다면 자신을 알바로 생각할 리 만무하기 때문이다. 판단의 주관성은 같은 시간 동안 동일한 일을 함에도 불구하고 동일한 처우를 받지 못할 뿐만 아니라 동일한 임금을 받지 못한다는 것을 역설적으로 보여주는 것이다. 또한 판단의 주관성은 현재 하고 있는 일을 오래 할 생각도 없고, 경제적인 이유 때문에 마지못해서 어쩔 수 없이 하고 있음을 보여주는 것이다.

착취성

알바 노동의 여섯 번째 특징은 착취성이다. 알바 노동은 자본주의 사회의 마지막 착취 대상이다. 노동자는 과거부터 지금까지 생산의 영역에서 주요 착취 대상이었으며, 그중에서도 여성은 자본주의와 남성에 의한 이중 착취의 대상이었다. 현재 비정규직 노동자는 대기업과 하청기업은 물론 대기업 노동자의 착취 대상이고, 자본주의 말단 세포에서 일하는 알바는 자본주의의 마지막 착취 대상이다.

알바는 자본주의의 가장 하위 계층이자 자본주라는 톱니바퀴의 가장 작은 나사이다. 알바는 아무런 숙련 노동도 필요하지 않고 단순한 노동만 하면 된다. 자본주의 사회에서 알바 노동은 최소한 사람의 꼴을 갖추고만 있다면 누구라도 할 수 있는 일이다.

대부분의 알바 노동은 단순 보조, 단순 판매, 단순 근력 사용, 단순 자리지킴 등이다. 대부분의 알바 노동은 유통의 마지막 최전선이다. 또한 대부분의 알바 노동은 사회적 약자들이 생존을 위해 어쩔 수 없이 감내하는 일이다. 유통의 마지막 최전선이자 사회적 약자가 어쩔 수 없이 감내할 수밖에 없는 노동을 넘어서는 역할은 파트타이머의 몫이고, 그 이상의 역할은 정규직 노동자의 몫이라고 자본주의 사회는 규정하고 있다. 결과적으로 알바 노동은 자본주의 체제가 노동자를 착취하고, 여성을 착취하고, 비정규직을 착취하고, 그러고서도 남은 마지막 피와 땀을 착취하기 위한 대상이 된다.

3) 알바의 동기

현대 한국 사회의 알바를 이해하기 힘들게 만드는 여러 요인 중 하나는 알바의 동기와 관련이 있다. 과거 알바가 한마디로 말해 부업형이었다면 현재 알바의 동기는 부업만으로 설명할 수 없을 만큼 복잡하고 다양한 이유로 분화되어 있다.

알바의 동기를 살펴보면 크게 다음과 같이 나눌 수 있다. 첫째, 먹고 사는 문제를 해결하기 위한 경제적 동기형이다. 둘째, 사회와 문화의 근본 패러다임의 변화에 따른 사회적 동기형이다. 마지막으로 알바가 지닌 본래적인 문제를 도외시한 채 알바를 찬양하는 이데올로기적 동기형을 들 수 있다. 이들 유형 안에 다시 여러 가지 동기에 의해 세분화되는 것으로 나타나고 있다.

알바의 동기가 위와 같이 다양해짐으로 인해 알바를 객관적으로 이해하기가 매우 힘들어졌다. 알바는 현대 한국 자본주의 사회의 매우 특수한 문제인 동시에 다양한 사회적 문제를 야기하고 있다. 예컨대 대학 등록금과 알바의 문제, 본업과 부업으로서 알바의 관계,

청소년 알바의 특수성과 보편성 문제, 15세 미만 어린이와 알바의 문제, 가정주부와 알바의 문제, 파트타임으로 근무하는 가정주부와 알바의 관계, 청년 알바의 수입과 지출의 문제, 통신비와 알바비의 관계, 소비성향과 알바비의 관계 등 수없이 많은 문제들이 제기될 수 있다. 이와 같은 여러 문제를 객관적으로 해명하기 위해서는 알바의 동기부터 우선적으로 이해해야 한다.

경제적 동기

가. 생존형

대개 청소년기에 학교를 중퇴하거나 가출한 학생들이 알바를 하게 되는 동기이다. 부모와의 갈등 때문에 가출한 청소년들이 먹고 자는 것을 해결하기 위해 주유소나 배달 음식점에서 알바를 시작한다. 숙식을 해결하는 동시에 돈벌이를 할 수 있다는 장점이 있으며, 말 그대로 최소한의 생존을 위한 알바이다.

생존형 동기로 일을 하게 된 알바들은 경제적 착취와 육체적, 정신적 학대는 물론이고 심한 경우엔 성적 학대를 당하는 경우도 많으며, 적응하지 못할 경우 작업장에서 무단이탈하는 일도 빈번하게 일어난다.

나. 생계형

주로 학교에 다니고 있는 청소년이나 대학생들이 알바를 하게 되는 동기이다. 가출을 하지는 않았으나, 집안의 경제적 규모가 통신비와 게임비 등 문화생활 향유 비용을 부분적으로 부담해주지 못할 경우 알바를 시작한다.

또한 가정주부 중 자녀들이 고등학교를 졸업하고 대학에 다니거나 결혼시킬 준비를 하려니 돈이 많이 필요해 알바에 뛰어드는 사람들을 꼽을 수 있는데, 주로 대형할인마트에서 알바를 하는 경우가 많다. 정상적인 직장인들과 다름없이 동일 시간, 동일 노동에 종사하지만 상대적으로 저임금을 받는다.

다. 부업형

주로 가정주부들이 자녀를 키우면서 경제적 측면에서는 집안의 생계를 부분적으로 분담하기 위해서, 자아성취의 측면에서는 노동을 통해 자아를 실현하기 위해서 알바에 뛰어든 경우이다. 가정주부들이 자녀를 낳아 기르다 아이가 자라서 엄마의 손길이 상대적으로 덜 필요하다고 판단되는 경우 알바를 시작한다. 대개의 경우 집에서 손을 이용한 부업을 하거나 인터넷 또는 핸드폰을 이용하여 부업을 하는 경우이다. 결혼하기 이전 직업과 연관된 부업형 알바를 하는 경우, 예컨대 미술이나 음악 또는 공부와 관련된 알바를 하는 경우도 있고 고도의 손작업적 숙련도를 이용해 수공예품을 만드는 경우도 있다. 이런 알바는 경제적으로 집안에 도움이 되며, 자아성취에 일정한 역할을 하기도 한다. 하지만 부업형이 과거 직업과의 연관성이 없는 경우, 예컨대 단순 재택 알바의 경우는 경제적 손실을 낳는 일이 많을 뿐 아니라 자아실현을 기대하기도 힘들다.

라. 투잡형

현재 직장에 다니고 있는 사람이 경제적 이익을 더 얻기 위해 또 다른 일을 하는 경우이다. 예컨대 대기업을 다니는 사람이 주말에 과외 알바를 하는 경우가 대표적으로 수익성이 높은 투잡형 알바이다. 하지만 고수익 투잡형 알바를 할 수 있는 경우는 그리 많지 않다. 현재 임금이 생활을 하기에 지나치게 적거나 전업을 고려하는 경우도 투잡형 알바의 동기가 된다. 스스로 근면 성실함을 무기로 열심히 알바를 하는 경우가 많으며, 간혹 성공 신화를 낳기도 한다.

마. 학비형

흔히 알바라고 하면 대표적으로 생각되는 동기이다. 주로 생계형 동기와 더불어 알바를 시작하게 되는 특징도 있다. 살인적인 물가, 치솟는 등록금, 오르지 않는 부모의 월급 등이 대학생들로 하여금 알바를 하게 만든다. 주로 방학 기간 또는 6개월에서 1년 단위로 학교를 휴학하고 알바를 하는 경우가 많다. 그럼에도 알바비 만으로는 학비를 다 채우지 못해 어쩔 수 없이 가난한 부모에게 기대기도 한다.

부유한 부모를 둔 대학생들과 비교하여 오랜 기간 학교를 다니는 경우가 많다. 또한 공부에 전념하지 못하여 장학금과도 거리가 멀며, 학창 시절 스펙을 쌓지 못하였으므로 졸업 후 안정된 직장을 잡기도 쉽지 않다.

사회적 동기

가. 소비형

소비형 동기는 현대 정보산업사회의 특수한 상황에 기인한다. IT 산업의 생산물인 핸드폰(특히 아이폰 등의 스마트폰), 노트북, 태블릿 피시, DSLR 등이나 명품 브랜드의 가방과 옷 등을 구입하기 위해 알바에 뛰어드는 경우이다. 집안의 부유함이나 가난함과는 관계가 없다. 다만 개인적인 관심사와 호기심을 충족하기 위해 알바를 하고, 그 목적이 달성되면 곧 알바를 그만두는 경우가 많다. 특히 청소년들이나 초등학생들이 원하는 게임팩이나 물품 등을 갖기 위해 알바를 하는 경우도 이에 해당한다.

또한 소비형 동기는 현재 초·중·고등학교 학생들의 과중한 학업 부담과도 연관이 있다. 청소년들은 학업 스트레스를 소비를 통해 풀려는 경향이 있는데, 이는 부모가 지시하는 대로만 살아온 경향이 강해서 스스로 창조적인 행위나 운동을 통해 스트레스를 푸는 방법을 배우지 못한 탓이다.

나. 선물형

이성 친구에게 선물을 사주기 위해 알바에 뛰어드는 경우이다. 특히 초등학생들이 알바를 하는 이유 중 하나이기도 하다. 초등학생들이 이성 친구에게 선물을 하기 위해서는 자신의 용돈에 비해 적잖은 돈이 필요한 경우가 많다. 부모에게 그런 돈을 달라고 말하지 못할 때 전단지 알바와 같은 일에 쉽게 뛰어든다. 대학생들이나 성인도 이성 친구에게 만난 지 100일이나 300일을 기념해 명품을 선물하려고 알바를 하기도 한다.

다. 유흥형

말 그대로 놀이공원, 스키장, 오션월드나 바캉스를 가기 위해 한시적으로 초단기 알바에 뛰어드는 경우이다. 때에 따라서는 해외 배낭여행을 가기 위해 일 년 넘게 장기 알바를 하는 경우도 많다. 알바로 번 돈을 단기간 유흥에 다 소비하는 특성을 갖는다. 또 다른 유흥 계획이 잡히면, 그 목적을 달성하기 위해 다시 알바를 시작한다. '유흥 목적→알바→목적 달성 시 알바비 지출'을 끝없이 반복한다. 심한 경우는 알바→해외여행→알바→해외여행을 끝없이 되풀이하기도 한다. 이런 행태가 반복되면 직업 또한 안정적인 생활을 위해서라기보다는 여행을 위한 직업이 되기도 한다. 예컨대 3개월 정도의 장기 여행 계획을 짜고 필요한 돈을 마련하기 위해 9개월 정도 직장을 잡는 경우이다. 이런 생활을 하는 20대와 30대도 다수 존재한다.

이데올로기적 동기

가. 스펙형

알바로 스펙을 쌓으면 동일 직종 취업에 도움이 된다고 생각하여 알바에 뛰어드는 경우이다. 실제 부분적으로 동일 직종에서 알바를 하면 취업에 도움이 되기도 한다. 예컨대 물류유통 회사에 취직하기 위해 대형할인마트나 물류센터에서 알바를 하는 경우이다. 하지만 그런 스펙 자체가 취업에 전적으로 영향을 미친다고 볼 수는 없다. 그럼에도 동일 직종의 스펙을 쌓으려고 끊임없이 동종업계를 기웃거린다.

나. 경험형

젊어서 고생은 사서 한다는 맘으로 알바를 하는 경우이다. 주로 부유층 자녀들이 건전한(?) 부모 밑에서 자라는 경우 이런 생각을 하기도 한다. 주로 여러 종류의 알바를 섭렵하고 번 돈을 부모 선물 등으로 쉽게 지출한다. 애초에 돈을 모아서 학비를 댄다거나 특정한 목적을 위해 사용하려는 생각이 전혀 없었기 때문이다. 단순히 사회적 경험을 목적으로 하기 때문에 단기간으로 끝나는 경우가 많다.

다. 성공한 시니어형

대령 예편, 교장 정년퇴임, 이사 퇴임 등 사회적으로 성공한 사람들이 노년에 알바를 하는 경우이다. 사회적으로 충분한 성공을 거두었기 때문에 돈이 필요해서 알바를 하는 것이 아니다. 단지 자신이 노동을 하면서 살아있다는 느낌을 갖는 것이 주목적이다. 동시에 청년층을 대상으로 나이가 들어서도 노동을 하는 것이 중요하다는 설교를 빠뜨리지 않는데, 주 대상은 가족이나 친인척의 자녀들이다.

성공한 시니어형은 알바 예비군을 형성하며 청소년 알바와의 자리 경쟁을 통해 전체 알바비를 낮추는 독특한 역할을 한다. 특히 경제적 안정감에서 비롯되는 특유의 근면함은 뜨내기 청소년 생존 알바를 주유소에서 몰아내는 경향이 있다.

2. 알바, 무엇이 문제인가?

1) 알바는 왜 착취의 문제이자 세대 문제인가?

현재의 알바를 돌아보자. 알바는 현재 한국 사회의 청년 세대가 본업을 제쳐두고 하루 여덟 시간 이상 고생스럽게 노동을 해도 원하는 만큼의 돈을 벌 수 없다는 것을 보여준다. 또한 청년 세대가 알바를 통해 노동의 의미를 깨닫기는커녕 기성세대에게 착취를 당하며, 알바에 매몰되는 시간이 많을수록 자아성취와는 멀어지는 과정을 적나라하게 드러낸다. 이것이 알바의 현실이다. 왜 그런가?

앞에서 언급했던 알바의 등장 배경, 알바의 특징, 알바의 동기를 종합적으로 고찰해보자. 무엇보다 청년 세대가 알바를 선택하게 된 사회적 배경을 보자. 생산 과정의 컴퓨터 도입은 청년 세대로부터 일할 기회를 앗아간다. 하루가 다르게 쏟아지는 IT 관련 상품들은 청년들을 대상으로 곳곳에서 호객행위를 한다. 부모는 IMF와 연이은 경제적 어려움으로 자식들에게 학비와 용돈을 댈 수 없을 정도로 가난해졌다. 세계 최고를 자랑하는 인상률과 세계에서 두 번째라는 것이 서럽기라도 한 양 호시탐탐 일등을 노리는 살인적인 등록금 때문에 청년의 등골은 휜다.

청년들은 말하고 싶다. 조용히 앉아서 책도 읽고 열심히 공부해 전공을 살린 직업도 갖고 싶다. 세계 곳곳을 돌아다니면서 견문도 넓히고 싶고, 활화산처럼 타오르는 청춘의 정열을 연애를 통해 승화시키고 싶다. 여유만 있다면 '그래' 정치에 관심도 갖고 어려운 이웃들과 함께 부조리한 세상에 맞서 싸우고도 싶다.

사회는, 윗세대는 그렇게 하라고 강변하지만 네 힘으로 네가 벌어서 모든 것을 이루라고 한다. 알바를 하면서 하고 싶은 일을 절대 할 수 없는데도 그렇게 하라고 말한다. 성공한 사람들의 위선과 윗세대의 가식이 우격다짐으로 청년 세대를 알바로 밀어 넣는다. 그렇게 해도 살아남는 놈은 살아남을 것이고, 죽을 놈은 어떤 상황이 주어져도 어차피 죽을 놈이니 걱정하지 말라고 한다.

청년 세대 알바의 현실은 어떠한가? 현재 한국 사회 알바의 특징을 보라. 알바가 하는 일은 너무 단순해서 아무런 전문성이 필요 없다. 한시적이기는 하지만 대부분의 경우 6개월 내지 1년 동안 자신의 모든 것을 전업으로 알바에 바쳐야 겨우 등록금을 마련할 수 있다. 알바는 대부분 임시적일 뿐이다. 장기간 근무를 통해 노동의 의미를 깨닫는 것은 개뿔이고, 자아성취는 귀신 씻나락 까먹는 소리이다. 돈이 필요하면 그때그때 일을 할 수밖에 없다. 밤이 되면 생기가 도는 드라큘라처럼, 아무도 움직이지 않는 깜깜한 밤을 좋아하는 귀신들처럼 남들이 일하기 꺼려하는 시간에 일을 할 수밖에 없다. 알바는 노동의 의미는커녕 자본주의 사회의 마지막 착취 대상일 뿐이다. 파트타임이니 주부사원이니 고상한 말을 붙여봤자 알바는 알바일 뿐이고 저임금, 미숙련 노동의 마지막 착취 대상일 뿐이다.

알바의 동기를 보라. 생존·생계·부업·학비형 등 경제적 문제 때문에 알바를 한다. 이런 동기에서 알바를 하는 연령층은 주로 청소년층과 청년층이며, 상대적으로 빈곤하거나 중산층 이하 가정 출신들이다. 직장을 다니고 있는 젊은 세대 또한 현재 버는 돈으로 만족스럽지 못할 때 투잡으로 알바를 한다. 버는 돈이 적어도 사는 것이 어느 정도 만족스럽다면 투잡으로 알바를 하기보다는 여유를 선택할 것이다. 대부분의 인간은 고통을 참아가며 돈을 버는 것보다는 주어진 돈의 한계 내에서 편안하게 사는 것을 즐기기 때문이다.

사회적 동기의 알바를 보자. 매일 매일 쏟아지는 신상품을 사라고 권유한다. 이런 신상품을 사용한다면 시대를 앞서가는 사람이라고 부드러운 매질을 하고, 사용하지 않는다면 시대에 뒤처진 사람이라고 채찍질을 한다. 이런 물건을 살 돈이 없으면 알바를 하면 된다고 속삭인다.

이성 친구를 위해서는 지금 네가 가진 돈으로 절대 살수 없는 선물 정도는 해주어야 폼이 난다고 수다를 떤다. 네가 초땡이든 대땡이든 상관없다. 100일, 300일 기념 선물을 주지 않으면 이성 친구를 사귈 수 없다고들 한다. 돈이 없다고 '집에 가서 빈대떡이나 부쳐 먹지' 말고 알바를 하라고 권한다.

여름이면 청춘들이 다 놀러가는 물놀이 시설에 가야 하고, 겨울이면 스키 활강은 필수학점이라고 설레발친다. 대학 시절에 배낭여행을 가지 않는다면, 어학연수를 다녀오지 않는다면 취직은 물 건너갔다고 단언한다. 그럴 돈이 없으면 알바를 하라고 권한다. 잠시만 자고 나면 피로가 회복되는 청춘이 뭐가 걱정이냐고 위로를 한다.

알바를 이데올로기로 선동하는 자들을 보라. 부잣집 자식들이 경험 삼아 알바를 하면서, 청년 세대라면 누구나 당연히 한 번쯤은 꼭 해봐야 하는 필수과목이라고 선동을 한다. 상대적으로 여유 있는 집안 자식들은 자아를 실현할 수 있는 직장을 잡기 위해 스펙을 쌓기 위한 알바를 선택하라고 부화뇌동한다. 성공한 시니어 알바들은 늙은 나도 현재 노동을 하며 즐기는데 청년들이 그까짓 일이 뭐가 힘드냐고 일침을 가한다.

경제적으로, 사회적으로, 이데올로기적으로 궁지에 몰린 청년 세대는 살아남기 위해 알바를 할 수밖에 없다. 알바를 하지 않겠다는 건 살아남기를 포기한다는 뜻이고, 그 말은 곧 청년 세대가 자살이라는 극단적인 선택을 하도록 사회가 몰아붙이는 것을 의미한다. 극단적 선택을 피하고자 한다면 부모에 빌붙어 살아가는 캥거루족이 되어야 하기 때문이다.

2) 최하위 말단 노동 착취

현재 한국 사회의 알바는 착취의 문제인 동시에 세대의 문제이다. 현재 알바로 생을 영위하는 청년 세대는 희망 상실 세대이다. 해방 이후 현재의 젊은 세대는 아무리 노력해도 부모 세대보다 잘살 수도 없거니와 잘살 수 있다는 희망 자체도 사라진 세대이다. 현재 알

• 알바와 알바 주인의 관계도

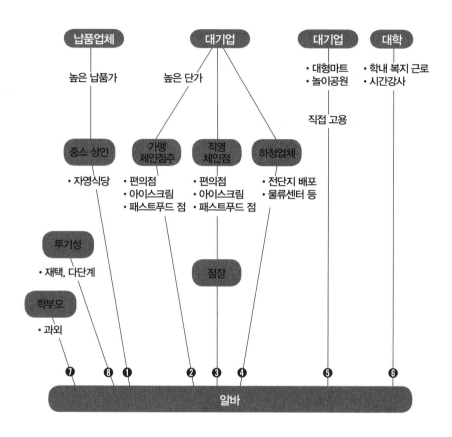

바가 받는 노동의 대가가 너무 적기 때문이다. 현재 알바의 노동 대가를 누군가가 인건비 따먹기를 통해 착취하고 있기 때문이다. 알바 노동의 대가인 알바비는 특별한 경우를 제외하고는 최저임금을 전후로 움직이기 때문이다.

알바와 알바에게 시급을 주는 주인의 관계를 보면, 알바가 왜 착취 문제이고 세대 문제인가가 분명히 드러난다. 알바와 주인의 관계는 아주 다양한 양상을 띠지만 대략 앞페이지 그림 형태로 요약 정리할 수 있다.

알바와 알바 주인의 관계를 보여주는 앞의 그림을 보면 대개의 알바가 왜 적은 알바비를 받는지 잘 알 수 있다. 알바비가 적은 가장 적나라한 이유가 관계에 따라 다소 다르기 때문에 그 이유를 각각 알아볼 필요가 있다.

• 편의점 대강 분류표

형태	구분 방법	매출 이익 분배	점주 수익율
완전 가맹	체인점주가 가게를 소유하거나 빌린 경우	점주 약 65% 체인 본부 약 35%	약 월 4천만 원 판매시 자기 노동시간 만큼
			약 월 6천만 원 판매시 100원당 1~3%
위탁 가맹	체인점주(회사)가 임차한 점포인 경우	점주 약 30% 체인 본부 약 70%	날품팔이 노동자 수준

첫째, ①, ②, ④의 경우이다. 이 경우 알바비가 낮은 이유는 대기업이나 납품 업체가 중소상인, 가맹 체인점주에게 높은 납품가로 상품을 제공하기 때문이다. 실제로 24시간 편의점의 경우를 보면 울며 겨자 먹기로 높은 납품가를 받아들인 사장들은 자신의 투자비를 건지기 위해 알바의 인건비를 착취하게 되어 있다.

중소규모 식당 사장이나 편의점 주인 등은 자신들의 수입이 '인건비 따먹기'에 달려 있다고 솔직히 말할 정도이다. 중소규모 식당 사장이나 편의점주는 대기업이나 납품업체의 과도한 납품 단가에 휘둘리고 비싼 임대료를 물고 나면 최소한의 수입을 보전하기 위해 알바들이나 피고용인의 비용을 줄일 수밖에 없다.

이런 업종에 종사하는 알바의 업무는 대부분 전문적인 직무 지식이 거의 필요 없는 손노동이다. 적은 돈을 받고라도 일을 하려고 덤벼드는 가정주부, 대학생, 휴학생, 고등학생, 중퇴생 등의 알바 예비군이 널려 있다. 따라서 이런 업종의 알바 고용주들은 알바비가 적다고 불만을 토로하는 알바를 언제든지 해고하고 새로운 알바를 구한다.

둘째, ④의 경우처럼 하청업체가 알바를 고용하는 경우이다. 물류센터에서 볼 수 있듯이 알바비가 상대적으로 매우 높은 것처럼 보인다. 그러나 실제는 상황이 아주 다르다. 장시간의 야간 노동이라는 점, 작업장까지의 이동거리가 상당히 멀다는 점, 일반적인 알바가 하기에는 육체적 피로가 아주 심하다는 점, 특히 명절과 연말연시처럼 아주 단기간 알바라는 점 등을 고려하면 오히려 알바비가 상대적으로 낮다고 할 수 있다.

알바비가 상대적으로 적은 이유는 물류센터 알바에서 보듯이 택배회사가 직접 알바를 고용하는 것이 아니라 중간 하청업체에 일을 넘기기 때문이다. 중간 하청업체는 일정 정도의 수수료(fee)를 떼고 알바비를 나누어준다.

이 경우 대부분의 노동은 역시 가장 단순한 손노동의 형태를 취하고 있다. 이 형태의 노동이 얼마나 단순한지는 임금에서 드러난다.

예컨대 6년 연속 이 일을 한 사람이나 오늘 처음 일을 하러 온 사람이나 알바비가 똑같다. 6년 베테랑의 노동 기술과 하루 날품 노동 기술의 가격이 같다는 점은 알바비를 고정시키는 효과를 발휘한다.

이 경우 알바를 고용하는 고용주, 즉 하청업체 대표들은 일반 초짜 알바들이 극심하게 과도한 노동을 견디기 힘들다는 것을 뻔히 알면서도 고용하고, 일을 하다 지쳐 중간에 빠져 나가게 되면 일한 시간만큼의 알바비를 주지 않는 극악무도한 짓을 하기도 한다.

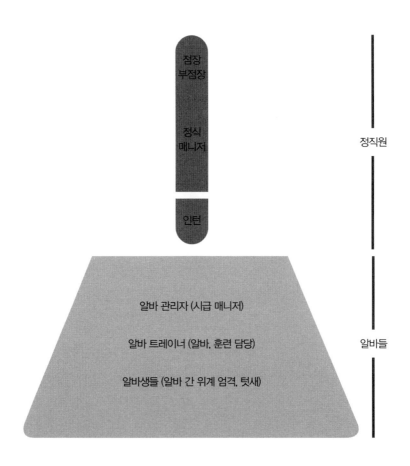

셋째, ③의 경우이다. 대기업 등이 직영점을 운영하면서 직접 알바를 고용하는 경우이다. 패스트푸드점의 경우는 청소년 등을 알바로 고용하고, 편의점의 경우는 대학생이나 휴학생 등 청년들을 고용하고 있다. 대기업이 직접 운영하기 때문에 상대적으로 최저시급을 정확히 지킨다. 근무 기간에 따라 시급이 올라가는 장점도 있다. 상대적으로 높은 알바비를 줄 수 있는 이유는 가맹 체인점의 이익을 알바에게 조금 더 나누어 줄 수 있기 때문이다. 대기업은 알바비를 상대적으로 더 많이 주는 만큼 가맹 체인점주의 이익률을 낮추면 되기 때문에 전혀 손해를 보지 않는다고 할 수 있다.

패스트푸드점이나 편의점의 경우는 대기업 사장을 직접 만나는 것이 아니라 중간 관리자나 점장을 만난다. 위계서열이 아주 강한 편이라 노동이 아닌 인간관계에서 스트레스를 주로 받는다. 중간관리자나 점장은 직접 노동을 하기도 하지만, 알바를 관리하는 데서 자신의 인건비를 챙긴다고 볼 수 있다.

넷째, ⑤의 경우이다. 대형할인마트나 놀이공원처럼 대기업들이 알바를 직접 고용하는 경우이다. 알바들 입장에서는 상대적으로 높은 시급과 4대 보험 혜택과 같은 아주 좋은 처우를 해주는 것처럼 보이지만 실제로는 눈속임에 지나지 않는다. 대부분의 경우 하루 8시간 이상 근무, 식사시간 포함 9시간 노동이 기본이다. 하루 8시간을 근무한다면, 알바가 아니라 정식 직원이어야 마땅하다. 하지만 주부는 파트타이머나 주부사원이라는 명목으로, 학생들은 알바로 고용하면서 최저시급보다 조금 나은 임금을 지급한다. 하루 8시간 이상 근무를 하기 때문에 실제로는 일반 노동자와 다름없는 생활을 한다. 그렇기 때문에 알바를 하면서 알바 본연의 고유 업무, 예컨대 공부를 하거나 육아와 가사를 책임진다는 것은 육체적 피로를 고려한다면 거의 불가능에 가깝다.

에버랜드처럼 주거지에서 먼 작업장의 경우는 더 심각한 문제를 야기한다. 서울에 살고 있다면 하루 출퇴근 시간이 너무 많이 걸리기 때문에 실제로 알바비가 그리 많다고 할 수 없다. 숙식을 기숙사에서 전적으로 해결하는 경우는 하루 8시간 근무가 아니라 24시간 내내 알바 노동을 하는 것으로 이해해야 한다. 게다가 숙식을 하면서 돈을 지출하게 되므로 알바로 번 돈의 일부 또는 전부가 고스란히 사라지게 된다. 따라서 ⑤의 경우처럼 상대적으로 높은 임금도 따지고 보면 결국 저임금에 지나지 않는 결과를 초래한다.

이 분야의 업무는 주로 육체를 사용하는 손노동으로 이루어지고 있다. 특히 놀이공원은 어린 시절의 향수에 사로잡히고 환상을 유지하고 싶은 많은 지원자들이 있어 알바를 구하기 무척 쉽다. 이런 이유가 알바비를 높이지 않는 역할을 한다.

다섯째, ⑦의 경우이다. 알바 중에서 가장 고전적인 알바이며, 상대적으로 알바비가 아주 높다. 알바비가 높은 이유는 알바 중에서 드물게 두뇌노동을 팔기 때문이다. 대학 입시를 앞두거나 중·고등학생인 자녀를 둔 부모들이 상대적으로 거금을 들여 알바를 고용한다.

하지만 과외 알바비도 물가 인상률과 비교하면 그리 높지 않은 것을 알 수 있다. 예컨대 1990년대 초반에 대학을 다니면서 과외로 알바를 하는 경우 월 30~40만 원을 받았다. 당시 대학 등록금은 평균 100여만 원 정도였다. 세 달이나 네 달만 과외 알바를 하면 대학 등록금을 낼 수 있었다. 하지만 2011년 현재 과외 알바비는 1990년대 초반과 크게 다르지 않은데 대학 등록금은 평균 네 배 정도 올랐다. 일 년 내내 과외를 해도 한 학기 대학 등록금을 내기 버거워졌다. 1990년대 초반에는 서너 달 알바를 하면 육 개월 생활비는 어렵지 않게 구할 수 있었다. 하지만 현재 서너 달 알바를 하면 고작 석 달 가량 생활을 할 수 있거나 심하면 두 달 생활하기도 힘들 정도로 물가가 올랐다.

그렇다면 과외 알바비는 알바비로써 아주 비싼 것인가? '절대 아니다!'라는 결론이 도출될 것이다. 오히려 대학등록금 상승률과 물가상승률에 비하면 두뇌를 활용한 지식노동의 가치가 무척 값싸졌다. 이유는 간단하다. 대학 시절 알바를 하면서 대학을 다녔던 세대들이 자녀를 대학에 보낼 나이가 되면서 과외 알바비를 높여주지 않기 때문이다. 다시 말하면 자신이 과외 알바를 할 때 받았던 알바비와 현재의 알바비가 같다는 사실에 대해 아무런 문제의식도 느끼지 못하기 때문이다. 오히려 머릿속으로는 별로 힘든 노동을 하는 것도 아닌데 많은 과외비를 주는 것이 아깝다고 생각하고 있는지도 모른다.

여섯째, ⑥의 경우처럼 대학이 알바를 직접 고용하는 경우이다. 학내 근로를 시키고 복지의 일환으로 장학금을 지급하는 경우가 대표적이다. 학교에서 직접 알바를 하기 때문에 본업과 알바의 이동거리가 짧다는 점이 큰 장점이다. 게다가 최저시급보다 상당히 높은 시급을 주기 때문에 학생들의 호응도 높다. 노동의 형태는 약간의 지식을 활용하는 두뇌노동과 직접 손과 발을 사용하는 손노동으로 이루어져 있다. 하지만 근로복지 형태의 알바는 한정되어 있어 구하기 어려운 게 단점이다. 따라서 대다수 학생들이 학교 밖에서 알바를 구할 수밖에 없다.

대학이 직접 고용하는 또 다른 알바로는 시간강사가 있다. 박사학위나 박사 학위에 준하는 최고 학력을 가진 자들이 하는 고학력 알바이다. 무려 10여 년 가까운 세월을 학문에 투자한 것에 비하면 시급은 무척 낮은 편이다. 강의시수가 그리 많지 않아 여유로운 부모나 배우자를 만나지 못한 경우에는 경제적 극빈층이 많아 또 다른 알바를 하지 않으면 생활을 영위하지 못한다. 하지만 경제적 빈곤에도 불구하고 의식은 최상위층이다. 시간강사가 없으면 대학이 굴러가지 않을 만큼 많은 강의를 담당하고 있다.

일곱째, ⑧의 경우이다. 다단계나 재택 알바라는 형태로 사회에서 통용되고 있다. 한탕을 노리는 젊은 세대를 끌어들여 열정과 돈을 빨아들인다. 투기에 가깝고, 실제로 돈을 번 경우가 드물다. 또한 생동성 알바라는, 인간의 몸을 상대로 실험을 하는 독특한 (알바라고는 하지만 실제로는 알바가 아닌) 알바도 있다.

위의 논의를 바탕으로 알바의 노동 영역과 착취 관계를 도표로 간단하게 정리해보자.

• 알바의 노동 영역과 착취 관계

분류	노동 영역	고용주	고용 대상	노동의 특징	알바비
손노동	전단지 배포 등	직접 고용 또는 하청 업체	초등 고학년, 중고생, 대학생 일부 등	육체 노동 단순 반복 작업 단순 서비스 제공	최저 시급이 기준 대기업 직접 고용시 알바비 상대적으로 높음(하루 8시간 노동 기준으로 형편없는 월급)
	패스트푸드 아이스크림 등	체인점주 대기업			
	배달	영세상인 등	가정주부 등		
	식당 등	중소상인 등	고졸 이상, 대학생, 휴학생 등		
	편의점 등	체인점주 대기업			
	놀이공원 등	대기업			
	대형마트 등	대기업			
두뇌노동	학내 근로 복지 일부	대학	대학생 및 휴학생 등	초중고 교과 단순 지식 전수	상대적 고액
	과외	학부모			
	관공서 방학 알바	국가		사무 업무 단순 보조	
	사무직 보조	중소기업			
정신노동	시간강사 등	대학	대학원졸 이상	창의적인 정신 활동	시간당 비용은 높으나 시수의 절대 부족으로 생계 불가능
기타	재택, 다단계	기업	고졸 이상 청년, 대학생, 휴학생, 가정주부 등	노동 분류 불가	대다수 알바는 손해 극소수 직업인은 고수익
	생동성 알바	의약업체 병원	대학생 등	노동 분류 불가	초단기 고수익

알바를 고용하는 주체는 아주 다양하다. 국가, 대학, 대기업, 중소기업, 체인점주, 영세 상인이나 중소상인, 의약업체, 병원뿐만 아니라 학부모도 알바를 고용한다. 고용 대상은 일부 가정주부나 나이 든 시간강사를 제외한다면 주로 고졸 청년과 대학생 이다. 초등학생이나 중·고등학생, 중퇴생, 가출 청소년도 알바의 많은 부분을 차지한다.

고용주와 알바생의 관계는 임금으로 확인 가능하다. 다 알고 있는 것처럼 손노동을 하는 대부분의 알바는 최저시급의 형태로 알바비를 받고 있다. 대기업이 직접 고용하는 경우는 상대적으로 알바비가 높은 듯이 보이지만, 실제로 여덟 시간 이상 노동을 하는 정규직 직원과 다름없다는 점을 고려하면 임금이 형편없는 수준이다. 정신노동을 하는 시간강사와 같은 알바도 예외는 아니다. 시간강사도 연봉을 따져보면 손노동 알바와 다를 바 없는 극빈 생활자이다. 단, 단순

지식을 전수하는 과외는 예외 중의 예외 알바라고 할 수 있다.

알바를 고용하는 고용주는 대개 알바생들의 부모뻘이다. 부모뻘되는 고용주들은 알바들의 외모, 몸매, 청순, 체력, 정열, 지식 등을 아주 싼값에 산다. 고용주들은 그 노동력을 매개로 자신이 가지고 있는 상품과 서비스를 조금 더 비싸게 팔아 이윤을 남긴다.

일부를 제외하고 그들은 다시 대기업이나 다른 상위 포식자에게 착취를 당한다. 부모뻘 고용주들은 대기업에게 착취를 당하고, 자신의 수입을 보전하기 위해 자식뻘 알바생을 착취한다. 대기업 직접 고용의 형태도 일을 하는 것은 알바이고 관리자는 알바를 관리한다는 명목으로 임금을 받아간다. 하청회사 대표도 일자리 알선의 명목으로 중간 마진을 떼어먹고 알바에게 저임금을 준다. 그런 점에서 알바는 나이 든 세대가 단순 반복 노동을 하는 젊은 세대를 착취하는 자본주의 착취 구조의 완결판이라고 할 수 있다.

3) 알바 평생 착취도

청년 시절 알바를 열심히 해서 대학을 졸업한 뒤 더 나은 생활을 기대할 수 있는가? 또는 청년 시절 알바를 하면서 배운 기술을 계발하여 평생직장의 바탕으로 삼을 수 있는가? 암울한 얘기지만 쉽지 않다. 선택받은 소수, 예컨대 그럴듯한 대학을 다니거나 아주 열심히 노력하여 입지전적인 전설을 만들지 않는 한 무척 어렵다. 알바를 한다는 것은 자기개발을 할 수 있는 많은 시간을 빼앗긴다는 뜻이기 때문이다.

알바로 인생을 시작하면 알바로 인생을 마치는 시대가 오지 않는 다고 장담할 수 있을까? 알바는 초등 고학년부터 죽을 때까지 숙명처럼 따라다니지 않는다고 호언할 수 있을까? 현재처럼 부자가 더 부자가 되고 가난한 자가 더 가난해진다면, 부가 교육을 통해 대물림된다면, 개천에서 용이 날 수 없는 상황이라면, 암울하지만 알바로 태어나 알바로 인생을 마칠 수밖에 없다.

한 번 알바는 평생 알바이고, 평생 알바로 살아가면서 착취당할 수밖에 없다. 한평생 알바로 전전하면서 알바 순환 인생을 살아갈 수밖에 없다. 이것을 간단하게 보여주기 위해 다음과 같은 전제로 출발해보자.

첫째, 수직적 시간을 수평적 시간으로 전환한다.

사람은 태어나서 죽을 때까지 영아기, 유년기, 청소년기, 청년기, 중년기, 장년기, 노년기를 거친다. 이것은 수직적 시간의 흐름이다. 수직적 시간의 흐름을 따라 한 인간의 일생을 추적하는 것은 일거수 일투족을 감시할 수 있는 카메라를 수백, 수천 대 설치하여 50년이고 100년이고 태어나서 죽을 때까지 추적하지 않는 한 불가능하다.

한 사람의 일생을 추적하기 위해 수직적 시간을 수평적 평면도 위에 옮겨보자. 동시대를 살아가는 여러 인물을 압축하여 수평적으로 살펴보면 한 사람의 일생이 어떻게 변하는지 쉽게 찾아낼 수 있다. 가령 2012년 현재 어떤 한 개인의 영아기, 유년기, 청년기, 중년기, 장년기, 노년기의 모습은 자신이 속한 계급, 계층, 신분 등에 따라 대부분 유사한 모습을 보여준다. 각 개인의 삶의 차이는 부분적으로 있을 수 있다. 하지만 평균치로 놓고 보면 크게 다르지 않다. 수직적 시간을 수평적 시간으로 전환하는 것은 유년기에서 노년기까지의 삶의 평균을 파악하는 데 도움이 된다.

알바도 마찬가지이다. 한 개인이 태어나서 죽을 때까지 나이를 먹어감에 따라 여러 종류의 알바를 경험한다는 것을 수직적 시간으로 추적할 수 있다. 하지만 이 역시 일생을 추적하는 것만큼이나 불가능한 일이다. 2012년 현재 초등학생, 중학생, 고등학생, 청년(대학생, 휴학생 등), 장년, 중년, 노년층에 속하는 다양한 연령대의 개인들이 실제로 하고 있는 다양한 알바를 동시대에 수평적으로 펼쳐놓고, 이를 연령별로 적용하면 한 개인이 어린 시절부터 노년기까지 평생 어떤 알바를 섭렵하는지 일목요연하게 파악할 수 있다.

둘째, 단순화의 원칙을 적용한다.

단순화의 원칙은 한 개인의 삶을 단순화시키는 걸 말한다. "내가 고생한 걸 글로 쓰면 책이 몇 권은 될 거야"라고 흔히들 말하듯이 한 인간의 생은 무척 복잡하다. 죽고 나면 무척 단순해 보이는 삶도 살아가고 있는 그 순간에는 아주 복잡하고 미묘하다. 알바의 경우도 마찬가지이다. 알바를 하는 이유도, 알바를 하면서 겪는 고통도, 알바에 대한 자신의 생각도 사람마다 다르고 무척 복잡하다. 이 모든 것을 다 고려하고 알바의 평생을 기록할 수는 없다. 개개인의 복잡한 내면의 역사를 기록하는 것이 아니라, 한 개인의 외면에 드러나는 단순성의 역사를 수평적으로 바라보도록 하자.

셋째, 보편화의 원칙을 적용한다.

보편화의 원칙은 다양한 사람들이 동일 연령대에는 동일한 행동을 한다는 것을 말한다. 같은 나이라 하더라도 사람들이 제각기 다른 행동을 하는 건 당연하다. 하지만 크게 놓고 보면 같은 연령대의 사람들은 비슷한 사고와 비슷한 행동을 한다고 볼 수 있다. 예컨대 '질풍노도의 시기'라는 말은 청소년기를 지칭하는 말인데, 수없이 많은 청소년이 그 시기가 되면 비슷한 행동을 보여주기 때문이다. 알바의 경우도 마찬가지로 동일 연령대에는 비슷한 알바를 한다고 가정하자. 실제로도 알바는 동일 연령대에 동일한 알바를 하는 것으로 나타난다. 예컨대 서른이 넘은 사람이 놀이공원에서 알바를 하는 경우가 거의 없는 것과 마찬가지이다.

수직적 시간의 수평적 시간화, 단순화, 보편화의 원칙을 바탕으로 개개인이 평생 어떤 알바를 거치는지 아주 단순하게 그려보면 다음 페이지의 그림과 같을 것이다.

단순하게 생각해보자. 인생의 특별한 전환점이 없는 한, 알바는 어린 시절 선물벌이 알바로 시작해서 청소년기와 청년기에 생존형 알바나 생계형 알바를 거치고, 장년기가 되면 사회 기생형 알바로 살다 노년기가 되면 실버 알바로 삶을 마감하도록 되어 있다. 다양한 알바로 삶을 영위하는 동안 많은 대기업, 국가, 중소기업, 중소상인, 자영업자 등이 알바의 피와 살을 뜯어 먹을 것이다. 이것이 우리 사회 알바의 숙명이고 평생 착취의 악순환이다. 이것을 부정할 수 있을까? 앞으로도 현재와 같은 사회가 지속된다면 오히려 더 악화된다고 봐야 할 것이다. (많은 사람들이 자영업이나 사업으로 성공할 수도 있고, 평생이 보장되는 직장을 다닐 수도 있다. 운이 좋거나 자신의 노력이 대단하거나 부모의 도움이 컸을 것이다. 이런 성공신화에 대해 논의하는 자리가 아니므로 이들은 예외로 한다.)

- 알바 평생 착취도

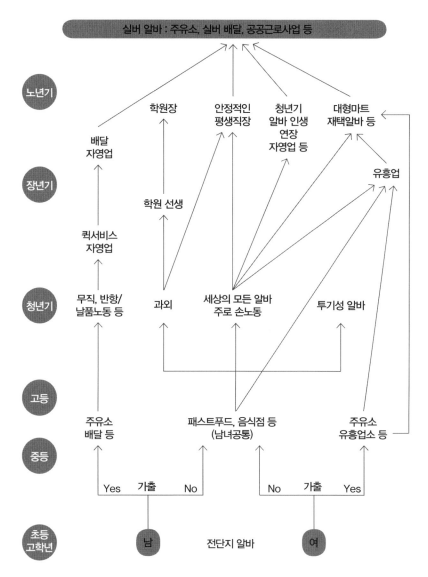

노년기

실버 알바 : 주유소, 실버 배달, 공공근로사업 등

학원장 　 안정적인 평생직장 　 청년기 알바 인생 연장 자영업 등 　 대형마트 재택알바 등

배달 자영업

장년기

학원 선생 　 유흥업

퀵서비스 자영업

청년기 　 무직, 반항/ 날품노동 등 　 과외 　 세상의 모든 알바 주로 손노동 　 투기성 알바

고등

중등 　 주유소 배달 등 　 패스트푸드, 음식점 등 (남녀공통) 　 주유소 유흥업소 등

Yes　가출　No　　No　가출　Yes

초등 고학년 　 남 　 전단지 알바 　 여

• 위 그림은 알바의 일생과 알바가 평생 착취당한다는 것을 보여주기 위한 것이다. 지나친 단순화로 인해 오해를 불러일으킬 수 있다. 예컨대 중고등학교를 중퇴하고 난 이후 커다란 변화로 인해 성공적인 인생을 살 수도 있다는 이야기이다. 그런 부분까지 고려하지 않은 단순한 알바 평생 착취도로 이해해주기 바란다.

3. 알바 문제 어떻게 해결할 것인가?

굴뚝 산업이 발전한 시대가 노동자 착취 사회였다면, 유연생산시대(柔軟生産時代)는 노동자와 여성을 착취하는 시기였다. IT 산업이 발전하고 신자유주의가 횡행하는 시대는 노동자, 여성, 알바 착취 사회이다. 그중에서도 알바는 노동자와 여성을 비정규직이라는 형태로 착취할 대로 착취하고 난 뒤 마지막으로 착취해야 할 종착역이다.

한 알바가 평생 알바로 생을 영위해야 한다면, 그 알바는 초등 고학년 전단지 알바부터 시작해서 청소년기, 청년기, 장년기, 노년기 실버 알바에 이르기까지 최저시급에 매여 평생 착취를 당한다. 왜 평생 알바로 살아가면서 착취를 당할 수밖에 없는가? 그것은 청년기의 불안정한 상태에서 기인한다.

청년기는 평생 먹고 살아가기 위해 직업을 준비하는 기간이다. 대학을 다니건 대학을 다니지 않건 평생을 살아가기 위한 공부를 하거나 기술을 배우는 시기이다. 그런데 우리 현실은 어떤가? 그처럼 소중한 청년기를 허비하며 학비를 벌기 위해서, 또는 생존이나 생계를 유지하기 위해서 알바를 해야 한다. 문제는 그 알바의 대가가 터무니없이 낮아서 알바에 모든 시간을 바쳐야 한다는 것이다. 따라서 알바 본연의 속성인 본업과 자기계발에 시간을 투자하지 못한다. 자기계발에 시간을 투자하지 못하기 때문에 다시 장년기가 되어도 알바를 할 수밖에 없는 악순환에 빠지게 되어 있다.

본래 알바는 선순환되어야 한다. 알바를 통해 당장 필요한 경제적 문제도 해결하고, 노동의 소중함도 깨달아야 하고, 자기계발도 이루어야 한다. 알바를 통해 장기적으로 자기 직업의 전망을 가늠해 보는 것도 필요하다. 그러나 우리 사회의 알바에게 그런 선순환적인 고리는 전혀 존재하지 않는다. 알바의 선순환을 만들어내기 위해서 우리 사회는 지금과는 비교할 수 없는 각고의 노력을 기울여야 한다. 방법은 두 가지이다.

첫째, 알바비를 대폭 높이는 방법이다. 알바비를 높이기 위해서는 알바의 상위 포식자인 대기업, 납품업체, 국가, 대학 등이 우선 솔선수범해 나서야 한다. 대기업과 납품업체는 자신의 이익을 최대한 줄이고 체인점 등 가맹업주들의 이익을 보전해주어야 한다. 그래야 가맹업주들은 생존을 보장받는 동시에 알바의 임금을 높여줄 수 있기 때문이다. 마찬가지로 국가나 대학도 최저시급보다 훨씬 높은 알바비를 지급할 수 있어야 한다. 한여름 밤의 꿈이긴 하지만 국회가 나서서 최저시급을 현재의 세 배로 올린다면, 노동부가 부당한 알바 처우 개선을 위해 극단적인 처방을 내놓는다면, 사법부가 알바의 인권과 알바비 지급 위반 사항에 대해 초법적 조치를 취한다면 문제가 해결될 것이다.

둘째, 사회적 비용을 낮추는 것이다. 알바비를 세 배 높일 수 없다면 청년기에 지출되는 비용을 낮추어주는 것이다. 대학 등록금, 교통비, 통신비, 책값, 밥값 등을 알바로 충당할 수 있을 만큼 낮추는 것이다. 생각해보라. 1990년대 초만 하더라도 과외 알바비가 30만 원이고 등록금은 평균 100만 원선이었다. 20년이 지난 현재 과외 알바비는 여전히 30만 원인데 등록금은 평균 400만 원선이다. 여러 알바 중 상대적으로 고액이라고 하는 과외의 이런 불합리한 상황을 어떻게 설명할 것인가? 따져보면 알바비는 1990년 수준이고 물가는 2010년 수준이란 말이 딱 맞다.

알바비를 못 올린다면 사회적 비용을 낮춰야 한다. 그러면 청춘들이 세 달 알바로 등록금을 마련하고, 세 달 알바로 육 개월을 살 수 있을 것이다. 극단적으로 삼각김밥과 우유 하나로 하루를 때우는 일도 없어질 것이다. 직업 문제도 쉽게 해결된다. 알바로 돈 버는 시간 이외에 정말 말 그대로 자신의 본업인 공부에 매진하면서, 또는 직업 훈련을 하면서 자신의 미래를 위해 투자할 것이다.

이처럼 알바 문제의 해결은 간단하다. 알바비의 기준이 되는 최저 시급을 지금의 세 배 수준으로 높이거나 사회적 비용을 낮추거나 둘 중의 하나이다. 물론 우리나라 국회가, 행정부가, 기업이 이런 주장을 받아들일 거라고는 생각하지 않는다. 분명히 받아들이지 않을 것이다.

현재 청소년기와 청년기 알바의 문제로 다시 눈을 돌려보자. 부모 세대는 경제 성장의 파이, 부동산 투자의 떡고물, 주식 투기의 과실을 따먹을 수 있었지만 청년 세대는 삼불(三不) 시대에 살고 있다. 경제의 정체 내지는 후퇴에 따른 직업 획득 불가능, 끝물에 달한 부동산 투자 불가능, 종잣돈 부족으로 인한 주식 시장 진입 불가능을 체험하고 있다.

청년 세대에게 남은 것은 오로지 알바를 통한 청년기 삶의 영위, 졸업 후 근근이 살아갈 수 있을 정도인 연봉 2,000만 원대의 직업 획득, 그리고 불안한 미래이다. 이런 것은 그나마 혜택 받은 청년 세대를 위한 향연이다. 치솟는 집값 때문에 결혼은 꿈도 못 꾸고, 인터넷을 이용한 성적 쾌락이 그나마 위안이라면 위안이다. 지금 청년 세대는 물론이고 청소년 세대도 희망 상실의 시대를 살고 있다. 앞으로 아주 특별한 일이 일어나지 않는 한, 광고의 카피처럼 갑자기 부모를 잘 만나거나 친구를 잘 만나지 않는 한 청년 세대의 알바 인생이 크게 달라질 일은 없어 보인다.

지금 청소년과 청년들이 무엇을 자유의지로 선택할 수 있다고 생각하는가?

미래의 안정된 직업, 살고 싶은 집, 결혼하고 싶은 배우자……. 알바의 삶이 알바를 속이기 전까지는 절대 이런 것들을 선택할 수 없다. 핸드폰, 텔레비전 채널, 좋아하는 야구팀이나 축구팀……. 그래 맞다! 이런 것은 자유의지로 선택할 수 있다. 유용성과 쾌락의 선택은 밑 빠진 둑에 물을 붓는 것과 마찬가지이다. 아무리 채워 넣어도 채워지지 않는 밑 빠진 독, 아무리 만족시켜도 만족할 수 없는…….

그럼 자유의지로 더 이상 선택할 수 있는 것이 아무것도 없을 때 우리 사회는 어떻게 될 것인가? 선택을 하지 않으면 책임도 없고, 책임이 없으면 사는 의미도 없는 것이 삶이다. 그렇다면 어린이도, 청소년도, 청년도, 우리 사회와 국가의 미래도 불행하지 않겠는가? 가장 혈기왕성하게 자신의 삶을 선택하고, 기획하고 추진해야 할 청년과 청소년이 죽어 있는 우리 사회와 국가, 더 무엇을 기대할 수 있겠는가!

국회는 빨리 최저임금을 획기적으로 개선하는 방법을 찾고, 행정부는 청소년기와 청년기의 사회적 비용을 낮출 수 있는 방법을 찾아야 한다. 대기업과 기업은 하청업체, 체인점 등과 상생할 수 있는 방법을 찾아야 한다. 대학, 기업, 국가, 기타 등등 알바와 관련이 있는 모든 주체들은 알바 문제를 해결하는 데 진력해야 한다. 그러지 않으면, 단언하건대 우리 사회와 국가의 미래는 앞으로 그 어떤 희망도 없다.

1. 야간 또는 휴일 근무 시 **알바비 계산법**

근로기준법 제56조(연장 · 야간 및 휴일 근로)에 의거하여 150%

예 : 일요일 하루 10시간 근무시(2013년 현재)
- [1시간 4,860원(100%)+2,430원(50%)]×10=72,900원
- 150%로 계산하지 않을 경우 : 4,860×10=48,600

2. 청소년보호법 및 근로기준법상 취업금지 업종

청소년 보호법상 고용금지 업소	근로기준법상 고용금지 업소
유흥주점, 단란주점, 비디오방, 노래방(청소년의 출입이 허용되는 시설을 갖춘 업소에는 출입만 가능), 숙박업, 이용업, 목욕장업 중 안마실을 설치하거나 객실로 구획하여 하는 영업, 담배소매업, 유독물 제조 · 판매 · 취급업, 티켓다방, 주류판매 목적의 소주방, 호프, 카페 등 형태의 영업, 음반판매업, 비디오물 판매 · 대여업, 일반게임장, 만화대여업, 전화방, 무도학원업, 무도장업, 사행행위영업, 성기구 취급업소 등	고압작업 및 잠수작업, 운전 · 조종면허 취득을 제한하고 있는 직종 또는 업종의 운전 · 조종업무, 「청소년보호법」 등 다른 법률에서 18세 미만 청소년의 고용이나 출입을 금지하고 있는 직종이나 업종, 교도소 또는 정신병원에서의 업무, 소각 또는 도살의 업무, 유류를 취급하는 업무(주유업무는 제외), 2-브로모프로판을 취급하거나 노출될 수 있는 업무, 갱내 근로 등

3. 청소년과 알바 주인을 위한 **알바 10계명**

❶ 원칙적으로 만 15세 이상의 청소년만 근로가 가능합니다.

  만 13~14세 청소년은 고용노동부에서 발급한 취직인허증이 있어야 근로 가능.

❷ 연소자를 고용한 경우 연소자의 부모님(친권자 또는 후견인) 동의서와 가족관계증명서를 사업장에 비치하여야 합니다.

❸ 근로조건을 명시한 근로계약서를 작성해 근로자에게 교부해야 합니다.

❹ 성인과 동일한 최저임금(2013년 기준, 시간당 4,860원)을 적용받습니다.

❺ 위험한 일이나 유해한 업종의 일은 할 수 없습니다.

❻ 일 7시간, 주 40시간 이하로 근무가 가능합니다.

  연장근로는 1일 1시간, 주 6시간이내 가능(연소자의 동의 필요)

❼ 근로자가 5명 이상인 경우 휴일 및 초과 근무시 50%의 가산임금을 받을 수 있습니다.

❽ 1주일에 15시간 이상 일을 하고, 1주일 동안 개근한 경우, 하루의 유급 휴일을 받을 수 있습니다.

❾ 일하다 다쳤다면 산재보험법이나 근로기준법에 따라 치료와 보상을 받을 수 있습니다.

❿ 부당한 처우를 당하거나 궁금한 사항에 대한 상담은 국번 없이 1350!

(고용노동부 제공)

4. 청소년보호법 관련 위반 행위 및 형사처벌 조항

구분	위 반 행 위	형사처벌
청소년의 고용금지 및 출입제한 등 (제24조)	청소년을 유해업소에 고용한 자	3년 이하의 징역 또는 2천만원 이하의 벌금
	청소년을 유해업소에 출입시킨자	2년 이하의 징역 또는 1천만원 이하의 벌금

5. 최저임금법 위반행위 및 형사처벌 조항

구분	위반행위	위반행위시 처벌
최저임금의 효력 (제6조)	최저임금액 이상의 임금을 지급하지 아니한 자 ※ 2013.1.1~12.31 기간 중 시간급 최저임금액 : 4,860원	3년 이하의 징역 또는 2천만원 이하의 벌금

• 2, 4, 5의 표는 청소년 아르바이트 근로보호 정책방향과 과제 토론회 세미나자료집 11-S34 (2011년 10월 12일)에서 나온 자료이다. 최저임금은 2013년 기준으로 바꾸었다.

6. 알바 관련 법규 모음

〈청소년 보호법〉

제1조 (목적)

이 법은 청소년에게 유해한 매체물과 약물 등이 청소년에게 유통되는 것과 청소년이 유해한 업소에 출입하는 것 등을 규제하고, 청소년을 청소년폭력·학대 등 청소년유해행위를 포함한 각종 유해한 환경으로부터 보호·구제함으로써 청소년이 건전한 인격체로 성장할 수 있도록 함을 목적으로 한다.

제2조

1. "청소년"이라 함은 만 19세 미만의 자를 말한다. 다만, 만 19세에 도달하는 해의 1월 1일을 맞이한 자를 제외한다.

5. "청소년유해업소"라 함은 청소년의 출입과 고용이 청소년에게 유해한 것으로 인정되는 다음 가목의 어느 하나에 해당하는 업소(이하 "청소년출입·고용금지업소"라 한다)와 청소년의 출입은 가능하나 고용은 유해한 것으로 인정되는 다음 나목의 어느 하나에 해당하는 업소(이하 "청소년고용금지업소"라 한다)를 말한다. 이 경우 업소의 구분은 그 업소가 영업을 함에 있어서 다른 법령에 의하여 요구되는 허가·인가·등록·신고등의 여부에 불구하고 실제로 이루어지고 있는 영업행위를 기준으로 한다.

가. 청소년출입 · 고용금지업소

(1) 「식품위생법」에 의한 식품접객업중 대통령령으로 정하는 것
(2) 「영화 및 비디오물의 진흥에 관한 법률」에 의한 비디오물감상실업 및 「음악산업진흥에 관한 법률」에 의한 노래연습장업 중 대통령령으로 정하는 것
(3) 「체육시설의 설치·이용에 관한 법률」에 의한 무도학원업, 무도장업
(4) 「사행행위 등 규제 및 처벌특례법」에 의한 사행행위영업
(5) 전기통신설비를 갖추고 불특정한 사람 상호간의 음성대화 또는 화상대화를 매개하는 것을 주된 목적으로 하는 영업. 다만, 「전기통신사업법」등 다른 법률의 규정에 의하여 통신을 매개하는 영업을 제외한다.
(6) 청소년유해매체물, 청소년유해약물 및 청소년유해물건을 제작·생산·유통하는 영업 등 청소년의 출입과 고용이 청소년에게 유해하다고 인정되는 영업으로서 대통령령이 정하는 기준에 따라 청소년보호위원회가 결정하고 여성가족부장관이 이를 고시한 것

나. 청소년고용금지업소

(1) 「식품위생법」에 의한 식품접객업중 대통령령으로 정하는 것
(2) 「공중위생관리법」에 의한 숙박업, 이용업, 목욕장업중 대통령령

으로 정하는 것

(3) 「영화 및 비디오물의 진흥에 관한 법률」에 의한 비디오물소극장업 또는 「게임산업진흥에 관한 법률」에 의한 게임제공업·복합유통게임제공업 중 대통령령이 정하는 영업

(4) 삭제[2004.1.29]

(5) 「유해화학물질 관리법」에 의한 유독물영업. 다만, 유독물 사용과 직접 관련이 없는 영업으로서 대통령령이 정하는 영업을 제외한다.

(6) 회비 등을 받거나 유료로 만화를 대여하는 만화대여업

(7) 청소년유해매체물, 청소년유해약물 및 청소년유해물건을 제작·생산·유통하는 영업 등 청소년의 고용이 청소년에게 유해하다고 인정되는 영업으로서 대통령령이 정하는 기준에 따라 청소년보호위원회가 결정하고 여성가족부장관이 이를 고시한 것

6. "유통"이라 함은 매체물 또는 약물 등을 판매(가두판매·자동판매기·통신판매 등을 포함한다. 이하 같다), 대여, 배포, 방송(종합유선방송을 포함한다. 이하 같다), 공연, 상영, 전시, 진열, 광고하거나 시청 또는 이용에 제공하는 행위와 이러한 목적으로 매체물 또는 약물 등을 인쇄·복제 또는 수입하는 행위를 말한다.

7. "청소년폭력"이라 함은 폭력을 통해 청소년에게 신체적·정신적 피해를 발생하게 하는 행위를 말한다.

〈근로기준법〉

제1조 (목적)
이 법은 헌법에 따라 근로조건의 기준을 정함으로써 근로자의 기본적 생활을 보장, 향상시키며 균형 있는 국민경제의 발전을 꾀하는 것을 목적으로 한다.

2조 (정의)
① 이 법에서 사용하는 용어의 뜻은 다음과 같다.
1. "근로자"란 직업의 종류와 관계없이 임금을 목적으로 사업이나 사업장에 근로를 제공하는 자를 말한다.
2. "사용자"란 사업주 또는 사업 경영 담당자, 그 밖에 근로자에 관한 사항에 대하여 사업주를 위하여 행위하는 자를 말한다.
3. "근로"란 정신노동과 육체노동을 말한다.
4. "근로계약"이란 근로자가 사용자에게 근로를 제공하고 사용자는 이에 대하여 임금을 지급하는 것을 목적으로 체결된 계약을 말한다.
5. "임금"이란 사용자가 근로의 대가로 근로자에게 임금, 봉급, 그 밖에 어떠한 명칭으로든지 지급하는 일체의 금품을 말한다.
6. "평균임금"이란 이를 산정하여야 할 사유가 발생한 날 이전 3개월 동안에 그 근로자에게 지급된 임금의 총액을 그 기간의 총일수로 나눈 금액을 말한다. 근로자가 취업한 후 3개월 미만인 경우도 이에 준한다.

7. "소정(所定)근로시간"이란 제50조, 제69조 본문 또는 「산업안전보건법」 제46조에 따른 근로시간의 범위에서 근로자와 사용자 사이에 정한 근로시간을 말한다.

8. "단시간근로자"란 1주 동안의 소정근로시간이 그 사업장에서 같은 종류의 업무에 종사하는 통상 근로자의 1주 동안의 소정근로시간에 비하여 짧은 근로자를 말한다.

② 제1항제6호에 따라 산출된 금액이 그 근로자의 통상임금보다 적으면 그 통상임금액을 평균임금으로 한다.

제3조 (근로조건의 기준)

이 법에서 정하는 근로조건은 최저기준이므로 근로 관계 당사자는 이 기준을 이유로 근로조건을 낮출 수 없다.

제4조 (근로조건의 결정)

근로조건은 근로자와 사용자가 동등한 지위에서 자유의사에 따라 결정하여야 한다.

제5조 (근로조건의 준수)

근로자와 사용자는 각자가 단체협약, 취업규칙과 근로계약을 지키고 성실하게 이행할 의무가 있다.

제6조 (균등한 처우)

사용자는 근로자에 대하여 남녀의 성(性)을 이유로 차별적 대우를 하지 못하고, 국적·신앙 또는 사회적 신분을 이유로 근로조건에 대한 차별적 처우를 하지 못한다.

제7조 (강제 근로의 금지)
사용자는 폭행, 협박, 감금, 그 밖에 정신상 또는 신체상의 자유를 부당하게 구속하는 수단으로써 근로자의 자유의사에 어긋나는 근로를 강요하지 못한다.

제8조 (폭행의 금지)
사용자는 사고의 발생이나 그 밖의 어떠한 이유로도 근로자에게 폭행을 하지 못한다.

제9조 (중간착취의 배제)
누구든지 법률에 따르지 아니하고는 영리로 다른 사람의 취업에 개입하거나 중간인으로서 이익을 취득하지 못한다.

제56조 (연장·야간 및 휴일 근로)
사용자는 연장근로(제53조·제59조 및 제69조 단서에 따라 연장된 시간의 근로)와 야간근로(오후 10시부터 오전 6시까지 사이의 근로) 또는 휴일근로에 대하여는 통상임금의 100분의 50 이상을 가산하여 지급하여야 한다.

제5장 여성과 소년

제64조 (최저 연령과 취직인허증)

① 15세 미만인 자(「초·중등교육법」에 따른 중학교에 재학 중인 18세 미만인 자를 포함한다)는 근로자로 사용하지 못한다. 다만, 대통령령으로 정하는 기준에 따라 고용노동부장관이 발급한 취직인허증(就職認許證)을 지닌 자는 근로자로 사용할 수 있다.

② 제1항의 취직인허증은 본인의 신청에 따라 의무교육에 지장이 없는 경우에는 직종(職種)을 지정하여서만 발행할 수 있다.

③ 고용노동부장관은 거짓이나 그 밖의 부정한 방법으로 제1항 단서의 취직인허증을 발급받은 자에게는 그 인허를 취소하여야 한다.

제65조 (사용 금지)

① 사용자는 임신 중이거나 산후 1년이 지나지 아니한 여성(이하 "임산부"라 한다)과 18세 미만자를 도덕상 또는 보건상 유해·위험한 사업에 사용하지 못한다.

② 사용자는 임산부가 아닌 18세 이상의 여성을 제1항에 따른 보건상 유해·위험한 사업 중 임신 또는 출산에 관한 기능에 유해·위험한 사업에 사용하지 못한다.

③ 제1항 및 제2항에 따른 금지 직종은 대통령령으로 정한다.

제66조 (연소자 증명서)

사용자는 18세 미만인 자에 대하여는 그 연령을 증명하는 가족관계 기록사항에 관한 증명서와 친권자 또는 후견인의 동의서를 사업장에 갖추어 두어야 한다.

제67조 (근로계약)

① 친권자나 후견인은 미성년자의 근로계약을 대리할 수 없다.

② 친권자, 후견인 또는 고용노동부장관은 근로계약이 미성년자에게 불리하다고 인정하는 경우에는 이를 해지할 수 있다.

③ 사용자는 18세 미만인 자와 근로계약을 체결하는 경우에는 제17조에 따른 근로조건을 서면으로 명시하여 교부하여야 한다.

제68조 (임금의 청구)

미성년자는 독자적으로 임금을 청구할 수 있다.

제69조 (근로시간)

15세 이상 18세 미만인 자의 근로시간은 1일에 7시간, 1주일에 40시간을 초과하지 못한다. 다만, 당사자 사이의 합의에 따라 1일에 1시간, 1주일에 6시간을 한도로 연장할 수 있다.

제70조 (야간근로와 휴일근로의 제한)

① 사용자는 18세 이상의 여성을 오후 10시부터 오전 6시까지의 시간 및 휴일에 근로시키려면 그 근로자의 동의를 받아야 한다.

② 사용자는 임산부와 18세 미만자를 오후 10시부터 오전 6시까지의 시간 및 휴일에 근로시키지 못한다. 다만, 다음 각 호의 어느 하나에 해당하는 경우로서 고용노동부장관의 인가를 받으면 그러하지 아니하다.

1. 18세 미만자의 동의가 있는 경우

2. 산후 1년이 지나지 아니한 여성의 동의가 있는 경우

3. 임신 중의 여성이 명시적으로 청구하는 경우

③ 사용자는 제2항의 경우 고용노동부장관의 인가를 받기 전에 근로자의 건강 및 모성 보호를 위하여 그 시행 여부와 방법 등에 관하여 그 사업 또는 사업장의 근로자대표와 성실하게 협의하여야 한다.

제71조 (시간외근로)

사용자는 산후 1년이 지나지 아니한 여성에 대하여는 단체협약이 있는 경우라도 1일에 2시간, 1주일에 6시간, 1년에 150시간을 초과하는 시간외근로를 시키지 못한다.

제72조 (갱내근로의 금지)

사용자는 여성과 18세 미만인 자를 갱내(坑內)에서 근로시키지 못한다. 다만, 보건·의료, 보도·취재 등 대통령령으로 정하는 업무를 수행하기 위하여 일시적으로 필요한 경우에는 그러하지 아니하다.

〈최저임금법〉

제1조 (목적)
이 법은 근로자에 대하여 임금의 최저수준을 보장하여 근로자의 생활안정과 노동력의 질적 향상을 꾀함으로써 국민경제의 건전한 발전에 이바지하는 것을 목적으로 한다.

제2조 (정의)
이 법에서 "근로자", "사용자" 및 "임금"이란 「근로기준법」 제2조에 따른 근로자, 사용자 및 임금을 말한다.

제3조 (적용 범위)
① 이 법은 근로자를 사용하는 모든 사업 또는 사업장(이하 "사업"이라 한다)에 적용한다. 다만, 동거하는 친족만을 사용하는 사업과 가사(家事) 사용인에게는 적용하지 아니한다.
② 이 법은 「선원법」의 적용을 받는 선원과 선원을 사용하는 선박의 소유자에게는 적용하지 아니한다.

제2장 최저임금

제4조 (최저임금의 결정기준과 구분)
① 최저임금은 근로자의 생계비, 유사 근로자의 임금, 노동생산성 및 소득분배율 등을 고려하여 정한다. 이 경우 사업의 종류별로

구분하여 정할 수 있다.

② 제1항에 따른 사업의 종류별 구분은 제12조에 따른 최저임금위원회의 심의를 거쳐 고용노동부장관이 정한다.

제5조 (최저임금액)

① 최저임금액(최저임금으로 정한 금액을 말한다. 이하 같다)은 시간·일(日)·주(週) 또는 월(月)을 단위로 하여 정한다. 이 경우 일·주또는 월을 단위로 하여 최저임금액을 정할 때에는 시간급(時間給)으로도 표시하여야 한다.

② 다음 각 호의 어느 하나에 해당하는 자에 대하여는 대통령령으로정하는 바에 따라 제1항에 따른 최저임금액과 다른 금액으로 최저임금액을 정할 수 있다.

1. 수습 사용 중에 있는 자로서 수습 사용한 날부터 3개월 이내인 자

2. 「근로기준법」 제63조제3호에 따라 감시(監視) 또는 단속적(斷續的)으로 근로에 종사하는 자로서 사용자가 고용노동부장관의 승인을 받은 자

③ 임금이 통상적으로 도급제나 그 밖에 이와 비슷한 형태로 정하여져 있는 경우로서 제1항에 따라 최저임금액을 정하는 것이 적당하지 아니하다고 인정되면 대통령령으로 정하는 바에 따라 최저임금액을 따로 정할 수 있다.

제5조 (최저임금액)

① 최저임금액(최저임금으로 정한 금액을 말한다. 이하 같다)은 시간·일(日)·주(週) 또는 월(月)을 단위로 하여 정한다. 이 경우 일·주

또는 월을 단위로 하여 최저임금액을 정할 때에는 시간급(時間給)으로도 표시하여야 한다.

② 다음 각 호의 어느 하나에 해당하는 자에 대하여는 대통령령으로 정하는 바에 따라 제1항에 따른 최저임금액과 다른 금액으로 최저임금액을 정할 수 있다.

1. 수습 사용 중에 있는 자로서 수습 사용한 날부터 3개월 이내인 자. 다만, 1년 미만의 기간을 정하여 근로계약을 체결한 근로자는 제외한다.

2. 「근로기준법」 제63조제3호에 따라 감시(監視) 또는 단속적(斷續的)으로 근로에 종사하는 자로서 사용자가 고용노동부장관의 승인을 받은 자

③ 임금이 통상적으로 도급제나 그 밖에 이와 비슷한 형태로 정하여져 있는 경우로서 제1항에 따라 최저임금액을 정하는 것이 적당하지 아니하다고 인정되면 대통령령으로 정하는 바에 따라 최저임금액을 따로 정할 수 있다.

제5조의2 (최저임금의 적용을 위한 임금의 환산)
최저임금의 적용 대상이 되는 근로자의 임금을 정하는 단위기간이 제5조제1항에 따른 최저임금의 단위기간과 다른 경우에 해당 근로자의 임금을 최저임금의 단위기간에 맞추어 환산하는 방법은 대통령령으로 정한다.

제6조 (최저임금의 효력)

① 사용자는 최저임금의 적용을 받는 근로자에게 최저임금액 이상의 임금을 지급하여야 한다.

② 사용자는 이 법에 따른 최저임금을 이유로 종전의 임금수준을 낮추어서는 아니 된다.

③ 최저임금의 적용을 받는 근로자와 사용자 사이의 근로계약 중 최저임금액에 미치지 못하는 금액을 임금으로 정한 부분은 무효로 하며, 이 경우 무효로 된 부분은 이 법으로 정한 최저임금액과 동일한 임금을 지급하기로 한 것으로 본다.

④ 다음 각 호의 어느 하나에 해당하는 임금은 제1항과 제3항에 따른 임금에 산입(算入)하지 아니한다.

1. 매월 1회 이상 정기적으로 지급하는 임금 외의 임금으로서 고용노동부장관이 정하는 것

2. 「근로기준법」 제2조제1항제7호에 따른 소정(所定)근로시간(이하 "소정근로시간"이라 한다) 또는 소정의 근로일에 대하여 지급하는 임금 외의 임금으로서 고용노동부장관이 정하는 것

3. 그 밖에 최저임금액에 산입하는 것이 적당하지 아니하다고 인정하여 고용노동부장관이 따로 정하는 것

⑤ 제4항에도 불구하고 「여객자동차 운수사업법」 제3조 및 같은 법 시행령 제3조제2호다목에 따른 일반택시운송사업에서 운전업무에 종사하는 근로자의 최저임금에 산입되는 임금의 범위는 생산고에 따른 임금을 제외한 대통령령으로 정하는 임금으로 한다.

⑥ 제1항과 제3항은 다음 각 호의 어느 하나에 해당하는 사유로 근

로하지 아니한 시간 또는 일에 대하여 사용자가 임금을 지급할 것을 강제하는 것은 아니다.

1. 근로자가 자기의 사정으로 소정근로시간 또는 소정의 근로일의 근로를 하지 아니한 경우

2. 사용자가 정당한 이유로 근로자에게 소정근로시간 또는 소정의 근로일의 근로를 시키지 아니한 경우

⑦ 도급으로 사업을 행하는 경우 도급인이 책임져야 할 사유로 수급인이 근로자에게 최저임금액에 미치지 못하는 임금을 지급한 경우 도급인은 해당 수급인과 연대(連帶)하여 책임을 진다.

⑧ 제7항에 따른 도급인이 책임져야 할 사유의 범위는 다음 각 호와 같다.

1. 도급인이 도급계약 체결 당시 인건비 단가를 최저임금액에 미치지 못하는 금액으로 결정하는 행위

2. 도급인이 도급계약 기간 중 인건비 단가를 최저임금액에 미치지 못하는 금액으로 낮춘 행위

⑨ 두 차례 이상의 도급으로 사업을 행하는 경우에는 제7항의 "수급인"은 "하수급인(下受給人)"으로 보고, 제7항과 제8항의 "도급인"은 "직상(直上) 수급인(하수급인에게 직접 하도급을 준 수급인)"으로 본다.